Rolf Goetz

Das Buch vom Reis

Rolf Goetz

Das Buch vom Reis

Vollwertige Rezepte mit einem großen Korn

ISBN: 3-89566-141-4
Deutsche Erstauflage
© 1999: pala-verlag, Rheinstraße 37, 64283 Darmstadt
Alle Rechte vorbehalten
Lektorat: Bettina Snowdon
Umschlag- und Innenillustrationen: Margret Schneevoigt
Umschlaggestaltung: Michaela Mainx
Druck: freiburger graphische betriebe
Gedruckt auf 100 % Recyclingpapier

Inhalt

Reis – ein körniger Kosmopolit

In Asien ist Reis die Quelle des Lebens schlechthin; für die Menschen in Thailand, Japan oder Indonesien ist er seit alters Objekt kultischer Verehrung und tägliche Nahrung zugleich. In einem Land wie unserem, in dem Reisanbau keine Rolle spielt, ist diese immense Bedeutung kaum nachzuvollziehen.

In Bali beispielsweise entfaltet sich die Welt vom Reis in ihrer vollen Exotik: eine Bilderbuchlandschaft par excellence mit in den Himmel gestapelten Terrassen, dazu folkloristische Rituale zu Ehren der Reisgöttin. Fast jeden Tag sieht man bunt gekleidete Frauen, die auf den Köpfen kunstvoll zusammengestellte Opfergaben balancieren und in einer langen Prozession zum Tempel im Reisfeld pilgern. Doch bei aller Begeisterung für die farbenfrohen Bilder bleibt der harte Alltag der Reisbauern nicht verborgen. Seit Tausenden von Jahren scheint sich auf der »Insel der Götter« die Art der Feldbestellung nicht wesentlich geändert zu haben. Bis zu den Knien im Schlamm versunken, läuft der Reisbauer mit dem Pflug hinter einem Wasserbüffel her. Eine Terrasse tiefer pflanzen Frauen Setzling für Setzling in die gefluteten Felder. Gebückt und den breitkrempigen Strohhut tief ins Gesicht gedrückt, stehen sie den ganzen Tag im sumpfigen Morast und krümmen den Rücken. Für Reisende archaisch anmutende Szenen, für die Reisbäuerinnen und -bauern mühsames Tagwerk.

Überall in Asien, ob am Ganges, im nepalesischen Hochland oder in den Bergen von Sri Lanka, begegneten mir ähnliche Szenen. Selbst den Monokulturen in der Poebene, im Rhônedelta und am Mississippi konnte ich etwas Positives abgewinnen: Auch der Westen hat seine Reiskultur, wenn auch stark mechanisiert und weitaus nüchterner betrieben.

Reis ist heute in allen Erdteilen zu Hause. Entsprechend bunt fällt die Rezeptauswahl für dieses Buch aus. Für fast alle Gerichte habe ich Naturreis verwendet. Selbst klassische Reisgerichte wie Risotto, Paella und Sushi können Sie damit zubereiten. Was die Kochzeit angeht, kann ungeschliffener Reis zwar mit Fünf-Minuten-Reis im Kochbeutel nicht mithalten; er braucht gut 40 Minuten, um weich zu kochen. Dafür ist er dem weißen Reis geschmacklich und ernährungsphysiologisch haushoch überlegen.

Gutes Gelingen wünscht Ihnen

Rolf Goetz

Reis – ein Geschenk des Himmels

Die Anfänge des Reisanbaus verlieren sich im Dunkel der Mythen. Es gibt kaum ein Reisland, in dem sich keine Legenden um den Ursprung des nahrhaften Kornes gebildet haben.

Einem fernöstlichen Mythos zufolge neigte sich einst der Himmel tief zur Erde hinab und verlor dabei etliche Reiskörner. Die Erde nährte die Körner mit Wasser, und als sie sich mit Menschen zu bevölkern begann, brauchte das Korn lediglich gehegt und gepflegt, aber nicht mehr gesät zu werden.

Will man einer vietnamesischen Legende Glauben schenken, lebten in grauer Vorzeit die Menschen wie im Garten Eden. Im Goldenen Zeitalter kam der Reis als ein Geschenk der Götter auf die Erde. Niemand brauchte sich um die mühevolle Arbeit der Aussaat und Ernte zu kümmern. Reis wuchs quasi von selbst und kam in Form einer großen Kugel in die Dörfer im Delta des Großen Flusses. Zur Erntezeit hatten die Menschen lediglich zu beten und etwas Räucherwerk abzubrennen. Haus und Hof mußten allerdings ordentlich und sauber sein, um dem Reis zu zeigen, daß er willkommen sei. Ein folgenschweres Ereignis setzte dem paradiesischen Zustand ein Ende. Die Legende erzählt von einer etwas müßigen Hausfrau, die ihr Haus nicht zur rechten Zeit in Ordnung gebracht hatte. Ihr Ehemann hatte die Gebete schon beendet, und der Reis kam früher als erwartet. Bestürzt und zornig ergriff die Frau einen Besen und schlug auf den großen Reisball ein, der sodann in tausend Stücke zersprang. Von diesem Tag an mußten die Menschen am Großen Fluß den Reis selbst anbauen.

Um Anbau und Ernte hat sich ein Netz aus Aberglaube und Kult gewoben. Besonders ausgeprägt ist der Reiskult auf Bali. Die hinduistisch geprägte Tropeninsel ist im überwiegend moslemisch dominierten Indonesien ein Mikrokosmos, in dem sich alles um den Reis dreht. Der Reis bestimmt nachhaltig den Festkalender. Rituale begleiten jedes Stadium des Anbaus, angefangen vom Fluten der Terrassen bis hin zur Ernte. Die Rituale um den heranwachsenden Reis sind mit dem menschlichen Lebenszyklus vergleichbar. Vor der Aussaat werden die Felder mit geheiligtem Wasser gesegnet. Wenn der Samen zu keimen beginnt, geht der Reis schwanger, wenn sich das Korn herausbildet, wird eine Geburtszeremonie abgehalten. Und wenn der Reis gelb steht und geschnitten wird, feiert man im Dorf ein großes Erntedankfest. Mitten im Reisfeld steht ein der Reisgöttin *Dewi Sri* gewidmeter kleiner Schrein. Der Göttin obliegt es, den Reis zu schützen. Mit kleinen Opfergaben wird sie jeden Morgen milde gestimmt. Böse Geister werden mit auf die Felder gesprenkeltem Palmschnaps abgewehrt. Um die Geister nicht unnötig zu erzürnen, ist es noch vielfach üblich, die Rispen mit einer in der hohlen Hand verborgenen kleinen Sichel vom Halm zu trennen.

Reis ist eine Wasserpflanze. Kein Wunder also, daß sich um das kostbare Naß ein eigener Kult gebildet hat. Regenbittzeremonien sind in ganz Südostasien verbreitet. So wird in Thailand versucht, den Regengott gnädig zu stimmen, indem Katzen in Körben durch die Dorfstraße getragen und von allen Einwohnern mit Wasser begossen werden. Das Geschrei der bekanntermaßen wasserscheuen Tiere soll den Regengott aufwecken und das ersehnte Naß auf die Felder schicken. Ebenfalls in Thailand ist es Brauch, im Liebesakt verschlungene Tonfiguren in den Reisfeldern auszusetzen. Man will den Regengott durch den frivolen Anblick verletzen, so daß er versucht ist, die Figuren mit einem kräftigen Monsunregen wegzuwaschen.

So manches Ritual wirkt außerhalb des Reisfelds in den Alltag hinein. Jung verheiratete Paare mit Reiskörnern zu bewerfen, ist ein Brauch, der auch bei uns Einzug gehalten hat. Reis gilt als Glückssymbol, und auch für Kindersegen soll er sorgen.

Eine Odyssee vom Jangtse zum Po

Archäologische Funde lassen vermuten, daß die Reiskultur im alten China ihren Anfang nahm. Die sumpfigen Flußniederungen erwiesen sich dort für den Reisanbau als ideal. Funde in den mäandernden Deltas des Jangtse und des Hwangho belegen, daß Reis im Reich der Mitte bereits seit 7 000 Jahren angebaut wird. Vom Südosten Chinas breitete sich der Reis über den südostasiatischen Raum in die heutigen Länder Vietnam, Thailand und Myanmar (früher Burma) aus und erreichte über Assam den indischen Subkontinent. In Indien wird der Reis erstmals vor etwa 3 500 Jahren in den heiligen Sanskrit-Schriften der Veden erwähnt. Zentrum des Anbaus wurden die Ebenen des Ganges und des Indus; dank der gesicherten Nahrungsgrundlage konnten sich dort mächtige Großreiche entfalten.

Der Reis wanderte mit den Menschen. Auswanderer aus China und Indien brachten ihn in die südostasiatische Inselwelt. Mit ihren fruchtbaren jungvulkanischen Böden, dem reichlichen Monsunregen und einem stets warmen Klima ohne nennenswerte jahreszeitliche Schwankungen entwickelten sich die tropischen Inselstaaten Indonesien und die Philippinen zu Reisländern.

Japan, heute ebenfalls ein klassisches Reisland, machte erst relativ spät Bekanntschaft mit dem Korn. Erst 300 Jahre vor der Zeitenwende schaffte die Reispflanze von Korea aus den kurzen Sprung über das Japanische Meer. Wiederum waren es eingewanderte chinesische Reisbauern, die mit ihrem Grundnahrungsmittel im Gepäck auf der Südinsel Kyushu die ersten Reisfelder anlegten. Der Reis breitete sich bald darauf von Süd nach Nord über die 3 000 km lange Inselkette aus und wird heute selbst im eher gemäßigten Klima der Insel Hokkaido kultiviert. Reis avancierte in Japan nicht nur zur Volksnahrung, sondern galt lange Zeit auch als allgemein akzeptiertes Zahlungsmittel.

Westlich von Indien faßte der Reisanbau zunächst in Persien und dem Zweistromland zwischen Euphrat und Tigris Fuß. Das Abendland erfuhr von dem »asiatischen Wunderkorn« erstmals im vierten Jahrhundert vor unserer Zeitrechnung durch die Persien- und Indienfeldzüge von Alexander dem Großen. Reis fand als exotische, doch geschätzte Importware den Weg in die Antike. Es verging allerdings noch mehr als ein Jahrtausend, bis im Mittelmeerraum Reis gepflanzt werden sollte. Im 7. Jahrhundert führten die Araber im Nildelta in Ägypten den Reisanbau ein. Die Mauren brachten das Korn hundert Jahre später über Nordafrika nach Spanien. Das spanische Nationalgericht, die Paella, wäre wie so vieles im Abendland ohne die Araber nicht möglich geworden.

Entlang der Mittelmeerküste erreichte der Reis die Camargue in Südfrankreich und schließlich die Poebene in Oberitalien. 1475 wird in Italien erstmals ein Reisgericht mit Safran erwähnt, aus dem sich wohl das berühmte Mailänder Risotto entwickelt hat. Die vom Schmelzwasser der Alpen gespeiste Flußebene ist heute die größte Reiskammer Europas.

Spanier und Portugiesen brachten im 16. Jahrhundert auf ihren Eroberungszügen die Reispflanze in die Neue Welt. Die ersten Plantagen wurden in Virginia und später auf den weiten Prärien von Louisiana angelegt. In Amerika wurden Anbau und Verarbeitung revolutioniert. Heute sind die USA eines der wichtigsten Exportländer. Amerikanischer Reis wächst heute vornehmlich in den Staaten Arkansas, Mississippi und im Sacramento Valley in Kalifornien. Wichtigstes südamerikanisches Reisland ist Brasilien.

In Australien schließt sich der Kreis. »Down under« ist das jüngste Reisland, hier wurde der Anbau zu Beginn des Ersten Weltkriegs von Japanern eingeführt, doch erst seit dem Zweiten Weltkrieg wird im Nordterritorium Reis in großem Stil kultiviert. Die australischen Reisfarmer erwirtschaften weltweit die höchsten Hektarerträge.

Die Reispflanze ist damit auf allen fünf Kontinenten heimisch geworden. Südlich des 50. Breitengrades spannen sich Reiskulturen wie ein smaragdgrüner Gürtel um die Erde. Dabei profitieren die Reisbauern von der Fähigkeit des Reis, sich an die jeweiligen Gegebenheiten anzupassen. Die Pflanze kommt mit großen Niederschlagsmengen zurecht, kann aber auch als Trockenreis in Höhenlagen bis zu 2 500 m angebaut werden.

Reis wird in fast 90 Ländern kultiviert und ist weltweit die bedeutendste Getreideart. Im Unterschied zu Weizen und Mais, deren Ernte zum überwiegenden Teil an Vieh verfüttert wird, kommt Reis ohne Umweg direkt der menschlichen Ernährung zugute. Nahezu die Hälfte der Weltbevölkerung ernährt sich von Reis. In manchen asiatischen Sprachen ist das Wort Reis mit dem Wort Mahlzeit identisch. Das indonesische »nasi« bedeutet nicht nur gebratener Reis, es steht auch für Essen schlechthin. Wer sich auf vietnamesisch »Guten Appetit!« wünscht, sagt wörtlich »Laß dir den Reis schmecken«. Mit einem Verzehr von 180 Kilogramm pro Kopf und Jahr sind die Menschen in Laos und Myanmar die Spitzenverbraucher; sie nehmen über Reis mehr als zwei Drittel ihrer Kalorien zu sich. Mit gerade mal zweieinhalb Kilogramm pro Kopf im Jahr nimmt sich der Reisverzehr in Deutschland dagegen äußerst bescheiden aus.

Über 90 % der Welternte wird in Asien eingebracht, besonders in den großen Reisländern China, Indien und Indonesien. Der größte Teil der Ernte ist für den Eigenbedarf bestimmt. Auch in den übrigen asiatischen Ländern reichen die Erträge kaum aus, um die ständig wachsende Bevölkerung satt zu machen. Eine Ausnahme ist Thailand, das Überschüsse produziert und das wichtigste Exportland von Reis ist.

Terrassen als Landschaftsarchitektur

Reis ist eine tropische Sumpfpflanze, botanisch genauer ein Rispengras namens *Oryza sativa*. Je nach Körnung werden drei große Gruppen unterschieden:

- **Japonica**-Sorten sind gedrungen im Wuchs und bringen ovale und rundliche Körner hervor. Diese Sorten gedeihen in gemäßigten Klimazonen mit trocken-warmen Sommern und kühl-feuchten Wintern. Sie liefern hohe Erträge.
- **Indica**-Sorten haben lange schlanke Körner mit einem leicht transparent wirkenden Kern. Die Halme wachsen etwas höher und gedeihen am besten im tropischen Monsunklima, bringen jedoch nicht ganz so gute Ernten wie der Japonica-Reis.
- **Javanica**-Sorten bilden eine Zwischenform, die vor allem in Südostasien am Äquator angebaut wird, wo rund ums Jahr ein warmes Klima herrscht und reichlich Niederschläge fallen.

Die Reispflanze bildet 20 bis 30 Seitentriebe aus, die insgesamt 1 000 bis 3 000 Körner tragen. Keine andere Getreideart bringt vergleichbare Erträge aus einem einzigen Samen. So scheint es kein Zufall zu sein, daß Reis gerade in den bevölkerungsreichsten Ländern das Getreide Nummer eins ist.

In Asien wird Reis überwiegend als Naßreis kultiviert. In Saatbeeten werden etwa 25 cm hohe Setzlinge vorgezogen und nach vier Wochen von Hand in die gefluteten Felder gepflanzt. Wie auch ein Ziergewächs durch Umtopfen an Vitalität gewinnt, wird die Reispflanze durch das Umsetzen ins Feld gestärkt. Zudem sind die Felder nicht so lange besetzt und werden früher für die nächste Ernte frei.

Fast die ganze Reifezeit über steht der Reis im feuchten Element. Als Sumpfpflanze zieht er seinen Nährstoffbedarf nicht aus dem Boden, sondern aus dem Wasser. Reis ist damit die einzige Monokultur, die im Ökosystem kaum Schaden hinterläßt, sofern ohne den Einsatz von Pestiziden gewirtschaftet wird. Auf dem selben Feld kann Jahr für Jahr Reis neu bestellt werden, ohne den Boden auszulaugen.

Über Generationen hinweg gestaltete der Mensch die Landschaft nach seinen Bedürfnissen um. Die ältesten Reisterrassen in Südostasien sind mehr als 2 000 Jahre alt. Sie sind der wertvollste Besitz einer Dorfgemeinschaft, werden von den Vorfahren übernommen und an die nächste Generation weitervererbt. Das Ergebnis ist Landschaftsarchitektur in höchster Vollendung, zwar künstlich modelliert, doch überaus ästhetisch, heiter und klar. Weltberühmt sind die Terrassenkulturen der *Ifugao* auf den Philippinen und der *Igorot* in Malaysia. Mit Hilfe von Terrassen lassen sich auch steil abfallende Hänge nutzen. Sie sind mit Stein- oder Erdwällen befestigt, Kokospalmen und Obstbäume stabilisieren die Wälle mit ihren Wurzeln, und ausgeklügelte Bewässerungssysteme regeln die Wasserzufuhr.

In Asien hat sich die Feldbestellung seit alters kaum verändert. Reisfarmer in Amerika, Australien und Europa setzen dagegen voll auf die Errungenschaften der modernen Landwirtschaft. Schwere Traktoren bereiten mit Pflügen und Eggen das Reisfeld vor. Ausgesät wird mit Maschinen oder, wie in den USA üblich, vom Flugzeug aus. In Japan, wo weiterhin mit vorgezogenen Setzlingen gearbeitet wird, bringen Setzmaschinen die jungen Reispflanzen gleich reihenweise ins Wasser. Mähdrescher ernten und dreschen vollautomatisch.

Der neue »Superreis«

Reis ist eine Monokultur, der Höchsterträge abverlangt werden. Um mit dem Bevölkerungswachstum Schritt zu halten, werden enorme Anstrengungen unternommen, die Erträge weiter zu steigern. In den 60er Jahren gelang es, eine Hochertragssorte zu züchten, mit der sich die Hektarerträge verdoppeln ließen. Moderne Reissorten reifen heute bereits in 100 Tagen aus, statt wie früher in 160 oder 180 Tagen. In dem feuchtwarmen Tropenklima können dadurch drei Ernten im Jahr eingebracht werden. Doch nicht alles an der »grünen Revolution« war positiv. Die asiatischen Bauern mußten neben Kunstdünger auch verstärkt Pestizide auf ihren Feldern ausbringen, da der neue Wunderreis auf Krankheiten und Schädlinge empfindlicher reagiert als die traditionellen Sorten. Und noch ein Manko: Der »Superreis« macht zwar satt, schmeckt aber nicht so gut.

Das größte Problem im Reisanbau sind Unkräuter. Traditionell wurden sie mechanisch gejätet, und zwar, wie der 1949 gedrehte sozialkritische Film »Bitterer Reis« anschaulich zeigt, nicht nur in Asien, sondern auch in der italienischen Poebene. Was einstmals tausende von Frauenhänden schafften, wird im konventionellen Anbau heute mit hochgiftigen Herbiziden angegangen. In den Reisprovinzen ist das Grundwasser bereits nachhaltig mit Pflanzengiften belastet.

Ein Superreis, der alle erwünschten Eigenschaften – hoher Ertrag, verkürzte Reifezeit, Robustheit und Geschmack – in sich vereint, will erst noch erfunden werden. Gentechniker arbeiten bereits mit Hochdruck an neuen High-Tech-Reissorten. Im Wettlauf mit dem Bevölkerungswachstum soll der Superreis neue Hoffnung versprechen. Ob genmanipulierte Sorten allerdings tatsächlich der Weisheit letzter Schluß sind, sei angesichts der nicht kalkulierbaren Risiken dieser neuen Technologie dahingestellt.

Ökoreis

Nach ökologischen Richtlinien wird Reis in Europa und Nordamerika erst seit den 60er Jahren kultiviert. Chemische Pflanzenschutzmittel und Kunstdünger kommen dabei nicht zum Einsatz. Produziert wird überwiegend ungeschliffener Naturreis. Der europäische Markt wird vornehmlich mit Reis aus Italien, Frankreich und Spanien versorgt. Spezialitäten wie Basmati- und Jasminreis werden in ökologischer Qualität aus Myanmar und Thailand importiert, süßer Naturreis und Wildreis kommen aus Nordamerika.

Naturreis, parboiled Reis und weißer Reis

Der Sündenfall: Vom Rohreis zum geschliffenen Korn

Reis ist wie Weizen und Roggen ein Spelzgetreide, das heißt, das Korn ist von ungenießbaren Spelzen umhüllt. Die Spelzen sind fest mit dem Korn verwachsen und schützen den Reis vor Schädlingen. Werden vom Rohreis *(Paddy Reis)* die Spelzen entfernt, erhält man den Naturreis, der auch Vollreis oder, wie in Amerika üblich, brauner Reis genannt wird. Um die Spelzen vom Korn zu lösen, wurde früher der Reis gestampft, wobei viel Bruch anfiel. Heute geschieht das Entspelzen mechanisch, indem der Reis zwischen zwei Gummiwalzen sanft gerieben wird. Bei diesem Vorgang bleiben das Silberhäutchen (Aleuronschicht), welches das Korn umhüllt, und der Keimling erhalten. Naturreis ist so ein vollwertiges Lebensmittel; neben Eiweiß, Fett, B-Vitaminen und Mineralstoffen verfügt er auch über verdauungsfördernde Ballaststoffe.

Jahrtausendelang ernährten sich die Menschen fast ausschließlich von Naturreis. Zu Lebzeiten von Konfuzius (551 – 479 vor unserer Zeitrechnung) soll allerdings für den Adel schon ein hellerer Reis hergestellt worden sein. Mit Mörser und Stößel wurden die äußeren Randschichten des Kornes vorsichtig von Hand entfernt. Weißer Reis blieb ein Statussymbol der reichen Oberschicht; das gemeine Volk konnte sich die mühselige Prozedur, bei der viel Bruch anfällt, nicht leisten.

Weißer Reis

Der eigentliche »Sündenfall« in der Reisgeschichte setzte vor gut 200 Jahren ein, als in Amerika die wasserbetriebene Reismühle erfunden wurde. Nun konnten die Randschichten in großem Stil abgeschliffen werden. Um dem Korn eine glatte Oberfläche zu geben, wurde der Reis anschließend noch poliert. Praktisch über Nacht stellte man fortan weltweit schneeweißen Reis her. Einer der wichtigsten Gründe für die Umstellung war die Tatsache, daß sich mit dem Schleifen auch der fetthaltige Keimling entfernen ließ, wodurch der Reis länger lagerfähig blieb – ein immens wichtiger Umstand im feucht-heißen Tropenklima der Reisländer.

Die gesundheitlichen Folgen waren allerdings katastrophal. Geschliffener Reis hat einen deutlich verminderten Nährwert. Besonders gravierend ist der fast völlige Verlust an Vitamin B_1. In verschiedenen Gebieten Asiens, in denen Reis nahezu das einzige Lebensmittel war, trat Beriberi auf. Diese Vitamin-Mangelerkrankung macht die Haut empfindungslos. Bei fortgeschrittener Krankheit entstehen Beinödeme oder es kommt sogar zu einer Herzlähmung.

Dem weißen Reis fehlt es nicht nur an Vitaminen, sondern auch an Mineralstoffen, überdies werden mit den Randschichten auch die Ballaststoffe weggeschliffen.

Geschliffener Reis wird je nach Bruchanteilen in vier Handelsklassen unterteilt:

• Spitzenreis (bis 5 % Bruch)
• Standardreis (bis 15 % Bruch)
• Haushaltsreis (bis 25 % Bruch)
• Bruchreis (über 40 % Bruch)

Da Bruch nur beim Schleifen anfällt, ist bei Naturreis diese Klassifizierung nicht üblich.

Parboiled Reis – ein Zwitter

Um die ernährungsphysiologischen Folgen von weißem Reis abzuschwächen, entwickelten die Amerikaner nach dem Zweiten Weltkrieg den *parboiled*, sprich vorgekochten Reis. Nach dem Entspelzen wird der Reis mit Wasserdampf unter hohem Druck gegart, wobei ein Teil der in den Randschichten konzentrierten Vitamine und Mineralstoffe ins Innere des Korns transportiert wird. Eine anschließende Dampfwäsche versiegelt die Oberfläche. Erst dann wird geschliffen und poliert. Durch diesen physikalischen Trick bleiben Vitamine und Mineralstoffe weitgehend erhalten. Was parboiled Reis mit weißem Reis jedoch gemeinsam hat: Es fehlen der Keimling und die verdauungsfördernden Randschichten.

Fast 20 % der Welternte werden heute zu parboiled Reis verarbeitet. Dieser ist gut lagerfähig und kocht lockerer und körniger als weißer Reis. Das leicht transparente und gelbliche Korn wird erst beim Kochen weiß. Parboiled Reis ist bereits nach 15 bis 20 Minuten gar. Geschmacklich bleibt er jedoch sowohl hinter ungeschliffenem als auch weißem Reis zurück.

Nährwert von Reis (je 100 g)

	Hauptnährstoffe in g			Mineralstoffe in mg							Vitamine in mg			
	Eiweiß	Fett	Kohlenhydrate	Natrium	Kalium	Calcium	Phosphor	Magnesium	Eisen	Vitamin E	Vitamin B₁	Vitamin B₂	Niacin
Wildreis	13,0	0,7	73,4	*	170	19	*	*	4,2	*	0,45	0,63	6,2
Naturreis	7,4	2,2	75,6	10	150	23	325	157	2,6	0,7	0,41	0,09	5,2
parboiled Reis	6,5	0,5	78,4	6	92	24	94	28	2,9	0,3	0,44	0,03	3,5
weißer Reis	7,0	0,6	78,4	6	103	6	120	64	0,6	0,4	0,06	0,03	1,3

* keine Daten

Basmati, Duftreis, Arborio & Co.
Varietäten wie Sand am Meer

Die Reisfamilie umfaßt über 100 000 Varietäten, wovon allerdings nur ein Bruchteil – etwa 1 000 Arten – gehandelt werden. Qualität und Geschmack sind neben der Sorte und der Anbauregion nicht zuletzt vom Können des Reisbauern abhängig. Nach der Länge werden Rund-, Mittel- und Langkornreis unterschieden.

Rund-, Mittel- und Langkornreis

Rundkornreis ist ein hartes rundliches Korn von bis zu 5 mm Länge. Seine ursprüngliche Heimat ist Japan. Er wird heute weltweit in den gemäßigten Klimazonen angebaut und wächst auch sehr gut in Südeuropa – ein typischer Rundkornreis kommt aus Spanien, aber auch der italienische *Arborio* ist rundlich. Rundkorn gibt beim Kochen viel Stärke an das Kochwasser ab und wird dadurch sehr weich, je nach Sorte auch klebrig. Beim ungeschliffenen Naturreis verhindert das Silberhäutchen, daß allzu viel Stärke entweicht, er ist daher weniger pappig. Rundkornreis ist ideal für Risotto, Kroketten und Füllungen.

Mittelkornreis ist mit 5 bis 6 mm nur unwesentlich länger, doch etwas ovaler als Rundkorn. Die Kocheigenschaften sind ähnlich, er kocht weich, klebt jedoch weniger zusammen.

Langkornreis ist mit 6 bis 8 mm länger und schlanker. Er findet in subtropischen und tropischen Regionen ideale Wachstumsbedingungen vor; die bekanntesten Sorten sind *Patna-* und *Basmatireis*. Die Körner nehmen beim Kochen weniger Wasser auf, der Reis bleibt so kerniger und trockener und klebt nicht zusammen. Langkornreis eignet sich für Salate, als Suppeneinlage und für Aufläufe.

Reissorten

Patna-Reis verdankt seinen Namen der indischen Stadt Patna am Ganges. Die weltweit am meisten verbreitete Langkornsorte wird außerhalb von Indien vor allem in Thailand und den USA angebaut. Patna-Reis findet zum Teil als Kochbeutelreis Verwendung und wird auch parboiled angeboten.

Süßer Reis ist ein klebriger Rundkornreis, der ursprünglich aus Japan stammt, heute jedoch auch auf den Philippinen und – nach ökologischen Richtlinien – in Kalifornien kultiviert wird. Die kleinkörnige Varietät wird kurz vor der Vollreife geerntet, wenn die Stärke im Korn noch nicht ganz ausgehärtet ist und dem Reis eine süßliche Note gibt. Süßer Reis kocht weich und ist gegart von leicht transparentem Aussehen. Er eignet sich sehr gut für Desserts und Milchreis. Der in Japan *Mochi* genannte Reis wird dort zu Reiskuchen, Amazake (siehe auch Seite 28), Reiscrakkern und anderen Reisspezialitäten verarbeitet. In geschliffener Form ist Süßreis bei uns in japanischen Lebensmittelgeschäften, in ungeschliffener Form im Naturkosthandel erhältlich.

Roter Reis ist eine besonders robuste Sorte, die in Asien und Afrika überall dort angebaut wird, wo für anderen Reis zu wenig Wasser verfügbar ist. Die blaßroten Körner kommen ungeschliffen in den Handel, weshalb sie in den Anbauländern nicht selten als Arme-Leute-Essen gelten. In Europa konnte sich der nussig schmeckende rote Reis eine kleine Fangemeinde erobern. Der Markt wird bei uns mit rotem Reis aus der Carmague und der Poebene versorgt, der nach ökologischen Richtlinien angebaut wird.

Schwarzer Reis kommt ebenfalls ungeschliffen in den Handel. Die Sorte zeichnet sich durch einen für einen Langkornreis hohen Stärkeanteil aus und wird vor allem auf den Philippinen und in Indonesien für Desserts verwendet – bekannt ist der »Black

Rice Pudding« (siehe Seite 155). Für den Naturkosthandel wird schwarzer Reis in biologischer Qualität aus Thailand importiert. Er wird vor dem Kochen immer eingeweicht.

Grüner Reis nimmt hinsichtlich Ernte, Verarbeitung und Zubereitung eine Ausnahmestellung ein. Die Körner werden unreif geerntet und zu Flocken gestampft. Um den Reis farblich noch intensiver zu machen, wird teilweise mit Lebensmittelfarben nachgeholfen. Durch das Stampfen ist die Stärke bereits aufgeschlossen, und die Körner benötigen nur eine kurze Garzeit. Sie werden zwei bis drei Minuten in wenig Wasser gedämpft oder kurz in der trockenen Pfanne geröstet. Gerösteter oder gedämpfter grüner Reis wird in Vietnam und Thailand geschätzt und beispielsweise zusammen mit gebratenen Bananen serviert. Bei uns ist er in asiatischen Lebensmittelgeschäften unter dem Namen *Aplati* erhältlich.

Basmatireis bezieht sein Wasser von den südlichen Hängen des Himalaja und wird in Indien und Pakistan, in ökologischer Qualität auch in Myanmar und Texas angebaut. In Indien wird Basmati der König unter den Reissorten genannt und bevorzugt zu festlichen Anlässen und Hochzeiten gereicht. Typisch für Basmatireis ist ein lieblich duftendes Aroma, das das ausgesprochen schlanke Korn beim Kochen entfaltet und das die ganze Küche ausfüllt. Das Aroma läßt sich durch ein mitgekochtes Lorbeerblatt noch verstärken. Der Reis kocht locker und körnig; Stäbchenesser werden sich damit schwer tun. Die edle Sorte bringt nur geringe Erträge und wird entsprechend teuer gehandelt. Basmati ist bei uns geschliffen und als Naturreis erhältlich.

Jasminreis, auch thailändischer Duftreis genannt, ist ebenfalls eine erlesene Delikatesse. Er ist nicht ganz so schlank wie Basmati, doch ähnlich intensiv duftend. Jasminreis wird in Thailand meist gedämpft serviert und ist die klassische Beilage zu Currys und Fischgerichten. Bei uns ist er geschliffen und ungeschliffen im Handel; in biologischer Qualität wird er aus dem Norden Thailands importiert.

Klebreis, auch *Sushi-* oder *Uruchi-*Reis genannt, ist eine in Japan, China und Thailand sehr beliebte Sorte, die außer als Sushi auch zu Gemüse und Fisch gereicht wird. Die stärkereichen Körner kleben nach dem Kochen wie Kletten aneinander und lassen sich gut mit Stäbchen essen – ein Umstand, der den fernöstlichen Eßgepflogenheiten entgegen kommt. Geschliffener Klebreis wird bei uns in japanischen und südostasiatischen Geschäften angeboten.

Arborio ist der bekannteste italienische Reis. Die großkörnige Sorte kocht klebrig bis cremig und eignet sich bevorzugt für Risottos. Geschliffener Arborio und Unterarten wie *Carnarolo* und *Vialone* werden bei uns in italienischen Feinkostgeschäften angeboten, parboiled wird er unter der Bezeichnung *Avorio* gehandelt. Italienische Sorten werden je nach Korngröße in *commune* (< 5,2 mm), *semifino* (5,2 – 6,4 mm) und *fino* (> 6,4 mm) unterteilt. *Superfino* ist ein Langkornreis von besonders ausgesuchter Qualität.

Calasparra-Reis aus Spanien gilt unter Reisliebhabern als eine der besten Rundkornsorten. Sein Name geht auf ein gleichnamiges Dorf in Südspanien zurück, wo er von Kleinbauern angebaut und mit dem sauberen Wasser eines gestauten Bergflusses bewässert wird. Er zeichnet sich durch ein besonders rundliches Korn aus, das nach dem Kochen voll und weich ist. Der ungeschliffene Reis wird bei uns im Naturkosthandel häufig in einem Baumwollsäckchen angeboten.

Milchreis ist ein geschliffener Rundkornreis, der beim Kochen viel Stärke abgibt und weich bis pappig kocht. Er wird an Stelle von Wasser mit Milch aufgekocht und vor allem für Süßspeisen verwendet. Weißer Milchreis ist auch in ökologischer Qualität erhältlich.

Schnellkochreis wird aus vorgekochtem und wieder getrocknetem geschliffenem Reis hergestellt. Er ist bereits nach 5 Minuten gar.

Wild gewachsen
Wildreis aus Nordamerika

Wildreis zählt eigentlich gar nicht zur Reisfamilie *(Oryza)*, sondern ist ein Wassergras *(Zizania palustris,* häufig auch fälschlicherweise mit dem lateinischen Namen *Zizania aquatica* bezeichnet), das sich jährlich selbst aussät. Die Heimat von Wildreis sind die flachen Uferzonen der Großen Seen im Grenzland zwischen den USA und Kanada. Dieses auch Indianerreis genannte Korn – es war übrigens das einzige den nordamerikanischen Ureinwohnern bekannte Getreide – wird vom Stamm der Chippewa traditionell vom Kanu aus geerntet. Die bis zu zweieinhalb Meter hohen Rispen werden mit einer Holzstange über den Bootsrand gezogen, und mit einem zweiten Stock schlägt man die Körner aus den Ähren. Dabei fallen naturgemäß etliche Körner ins Wasser, so daß die Ernte im nächsten Jahr gesichert ist.

Die noch grünen, bis zu 3 cm langen Körner müssen spätestens zwei Tage nach der Ernte gedarrt werden, ansonsten beginnen sie zu gären. Sie werden etwa zwei Stunden in einer Trommel über einem Holzfeuer geröstet, wobei sie sich braun-schwarz färben und den typisch nussigen Geschmack annehmen. Durch das Darren schrumpfen die nun fast wie schwarze Tannennadeln aussehenden Körner etwas zusammen, so daß sich die Spelzen leicht entfernen lassen. Der Bruch wird dann ausgesiebt und die Körner nach Größe sortiert. Alles in allem ist es also ein mühsamer, arbeitsintensiver Prozeß, der den Wildreis entsprechend teuer macht.

Dafür kann sich sein Nährstoffprofil sehen lassen: Wildreis ist nährstoffreicher als Naturreis. Zwar ist er etwas fettärmer, doch dafür verfügt er über doppelt so viel Eiweiß wie üblicher Reis. Auch Eisen und Vitamine aus dem B-Komplex finden sich in überdurchschnittlichen Mengen (siehe auch Tabelle Seite 20).

Seit einigen Jahrzehnten werden Hybridsorten von »Wildreis« angebaut – mit allen negativen Begleiterscheinungen der modernen Landwirtschaft. Mit Kunstdünger und Pestiziden konnten die Erträge zwar erheblich gesteigert werden, qualitativ bleibt dieser sogenannte *paddy grown* Reis allerdings hinter dem natürlich gewachsenen Wildreis zurück. Kultivierter »Wildreis« kommt überwiegend aus Kalifornien. Echter Wildreis aus Kanada wird teils unter dem indianischen Namen *Manomin* vertrieben und über den fairen Handel (z. B. *gepa)* und den Naturkosthandel abgesetzt.

Wildreis wird wegen des delikaten Geschmacks gerne als exotische Zutat in der Gourmetküche verwendet. Die schwarzen Farbtupfer sorgen auch optisch für Aufsehen. Doch Wildreis reißt ein tiefes Loch in die Haushaltskasse: Das Kilo kostet sechsmal so viel wie Naturreis. Preislich erschwinglich wird er erst als Beigabe in Reismischungen.

Was sich aus Reis alles machen läßt

Reisstroh dient zum Dachdecken, man flicht daraus Hüte und Körbe. Die Spelzen werden als Brennmaterial verwendet, und aus der Kleie wird ein Öl raffiniert, das außer zu Speisezwecken auch zum Versieden von Seife genutzt wird. Und natürlich werden Reiskörner nicht nur gekocht gegessen – aus ihnen lassen sich auch ganz unterschiedliche Lebensmittel und Getränke herstellen. Besonders erfinderisch zeigten sich die Japaner und Chinesen.

Reis-Miso (Hatcho-Miso) ist eine aus Reis, Sojabohnen und Salz hergestellte cremige Paste, die in Japan bereits seit Jahrhunderten bekannt ist. Die Mixtur wird mit einer Starterkultur angesetzt und nach traditioneller Art in Eichenholzfässern bis zu anderthalb Jahre lang fermentiert. Miso dient als Würzmittel und Dressing und findet sich als Misosuppe auf so gut wie jeder japanischen Speisekarte.

Amazake ist ein aus süßem Naturreis gewonnenes mildes Süßmittel für Kuchen und Nachspeisen. Der gekochte Reis wird dazu mit einer Pilzkultur angesetzt und über Nacht an einem warmen Platz fermentiert.

Reismalz hat eine Konsistenz wie Honig und wird in der japanischen und makrobiotischen Küche als mildes Süßmittel geschätzt. Durch enzymatische Prozesse wird die Reisstärke in Maltose umgewandelt.

Reiscracker sind das japanische Pendant zu Knabberzeug wie Salzstangen und Kartoffelchips. Sie können pikant mit Nori-Algen, Sojasauce und schwarzer Sesamsaat abgeschmeckt sein.

Mochi heißen gepreßte Reiskuchen in Japan, die traditionell zu Neujahr gegessen werden. Sie werden aus glutenreichem süßem Reis hergestellt, der unter Dampf gegart, fein zerstampft, getrocknet und vakuumverpackt in kleinen Schnitten angeboten wird. Mochi schmecken am besten gebacken oder fritiert, wobei sie auspuffen und ihr Volumen verdoppeln. Sie können sowohl süß mit Reismalz oder Honig als auch pikant mit Sojasauce oder einem Dip serviert werden.

Reiswaffeln sind ein beliebter Snack für zwischendurch. Naturreis wird dazu bei etwa 260° C erhitzt, bis die Körner aufplatzen. Durch die austretende Stärke kleben die Körner aneinander und lassen sich in Formen pressen. Das Puffen gibt den Waffeln eine luftige und knusprige Struktur; beim Erhitzen bildet sich gleichzeitig ein leichtes Röstaroma aus. Reiswaffeln bieten sich als Grundlage für süße und pikante Aufstriche an. Bei Gluten-Unverträglichkeit sind sie als Brotersatz gefragt; wer abnehmen will, weiß die geringe Kalorienzahl zu schätzen.

Puffreis ist ebenfalls unter Hitze gepoppter Naturreis, der meist mit einer Schokoladenglasur versüßt und als Riegel angeboten wird.

Reisflocken eignen sich besonders als Müslizutat. Wie auch für Hafer- und andere Getreideflocken wird das Reiskorn dazu gedämpft und gewalzt. Reisflocken zeichnen sich durch ihre knusprige Konsistenz aus.

Reismehl enthält kein Klebereiweiß. Es eignet sich daher nicht zum Backen, sondern wird zum Binden von Suppen, Saucen und Desserts verwendet. Es wird meist aus geschliffenem Bruchreis hergestellt, läßt sich mit einer Getreidemühle jedoch auch ganz einfach aus Naturreis machen.

Reispapierblätter aus Reismehl dienen als Hülle für die in ganz Asien beliebten Frühlingsrollen. Die nur millimeterdicken Blätter werden in verschiedenen Durchmessern (z. B. 16 oder 25 cm) angeboten. Sie sind leicht zerbrechlich. Einweichen in kaltem Wasser vor der Verwendung macht sie geschmeidig, so daß sie sich mit einer Füllung versehen aufrollen lassen.

Reisnudeln sehen aus wie Glasnudeln, werden jedoch nicht wie diese aus Mungbohnenmehl, sondern aus Reismehl hergestellt. Sie werden in zahlreichen Sorten angeboten, in Japan sind *Udon* (Bandnudeln) und *Ramen* (Instant-Suppennudeln) am gängigsten, in China die spaghettiähnlichen *Vermicelli* (Fadennudeln). Reisnudeln werden in sprudelndem Wasser je nach Stärke zwei bis acht Minuten gegart. Sie sind eine beliebte Suppeneinlage, dienen als Füllung und können auch im Wok gebraten werden.

Reismilch wird aus Reismehl gewonnen, dessen Stärke durch eine enzymatische Reaktion in Maltose umgewandelt und mit Wasser angesetzt wird. Reismilch überrascht durch ihr natursüßes Aroma und bietet sich für alle jene an, die eine pflanzliche Alternative zu Kuhmilch suchen oder auf den Milchzucker der Kuhmilch allergisch reagieren. Lebensmittelrechtlich ist der Begriff Milch einzig tierischer Milch vorbehalten – Reismilch wird daher als »Reisdrink« angeboten. Im Naturkosthandel ein Bestseller.

Reisessig ist in Asien so verbreitet wie bei uns Apfel- oder Weinessig, fällt mit einem Säuregehalt von etwa 4 % jedoch etwas milder aus. Er wird aus Reiswein destilliert und ist in klaren bis fast schwarzen Varianten zu haben. Japanischer Reisessig traditioneller Art wird in großen Tongefäßen unter freiem Himmel vergoren. Er dient zum Marinieren, für Dips und zum Würzen von Sushireis.

Reiswein, besser als *Sake* bekannt, ist das Nationalgetränk der Japaner, er ist aber auch in China und Indonesien verbreitet. Das aus vergorener Reismaische gewonnene Getränk bringt es auf einen Alkoholgehalt von 14 bis 20 Vol. %. Sake wird lauwarm oder heiß aus Porzellantäßchen getrunken, je nach Gusto vor oder nach, selten jedoch zum Essen.

Mirin ist ein in der japanischen Küche weit verbreitetes Würzmittel. Es wird wie Sake hergestellt und besitzt mit 14 Vol. % einen ähnlich hohen Alkoholgehalt. Es wird meist zum Kochen verwendet, wobei sich der Alkohol verflüchtigt. Was bleibt, ist ein leicht süßliches Aroma, das jedem Gericht eine exotische Note verleiht.

Reisbranntwein ist mit etwa 40 Vol. % deutlich hochprozentiger als Reiswein und wird vielfach verdünnt mit Wasser getrunken. Unter dem Namen *Arrak* ist er überall in Südostasien, vor allem in Indonesien, Thailand und Sri Lanka, verbreitet.

Hinweise zu den Rezepten

Alle Rezepte in diesem Buch sind für **vier Personen** ausgelegt.

Für fast alle Gerichte wird **Naturreis** verwendet. Seine Kochzeit ist mit etwa 40 Minuten zwar länger als die für weißen Reis; wenn es mal schnell gehen soll, können Sie den Reis aber problemlos für zwei oder drei Tage vorkochen. In einem Dämpfeinsatz ist er sofort aufgewärmt, ohne etwas von seiner Körnigkeit zu verlieren.

Die Art der **Zubereitung** und die verwendeten **Zutaten** orientieren sich so weit wie möglich an den Kriterien der **Vollwertkost**: Frischprodukte, naturbelassene Fette und möglichst wenig industriell verarbeitete Lebensmittel stehen im Vordergrund.

Weniger gebräuchliche **Zutaten** sind in der **Warenkunde** ab Seite 162 beschrieben. Dort erfahren Sie auch, wo Sie diese bekommen können.

Quellen, dämpfen und würzen

Grundrezepte für Einsteiger

Quellreis – das Grundrezept

200 g Naturreis
500 ml Kochwasser
¼ TL Meersalz

Den Reis quellen zu lassen, ist die in diesem Buch favorisierte Kochmethode. Sie hat den Vorteil, daß beim Garen das zugesetzte Wasser vom Reis vollständig aufgenommen wird und so keine Vitamine und Mineralstoffe verloren gehen. Entscheidend ist das Verhältnis von Reis und Wasser. Als Faustregel gilt: Eine Tasse Reis mit der doppelten bis zweieinhalbfachen Menge Wasser aufsetzen. Die Wassermenge kann je nach Sorte, Herdart und Kochtopf von den Mengenangaben in den Rezepten leicht variieren.

Waschen Sie den Reis in einem Sieb unter fließendem Wasser so lange, bis das Wasser klar ist. Nehmen Sie zum Kochen einen gut schließenden Topf. Schließt der Deckel nicht richtig, entweicht zu viel Dampf, die Reiskörner können nicht genug Wasser aufnehmen und bleiben hart. Am besten verwenden Sie immer denselben Topf, so lernen Sie seine Eigenarten kennen.

Setzen Sie den abgetropften Reis in kaltem Salzwasser auf. Sobald das Wasser sprudelt, reduzieren Sie die Hitze und kochen den Reis auf kleinster Stufe. Lassen Sie ihn nun ungestört quellen. Je nach Sorte hat Naturreis nach 35 – 50 Minuten das ganze Wasser aufgenommen. Gegen Ende der Garzeit gilt es lediglich zu prüfen, ob der Reis noch genug Wasser hat. Hierzu können Sie eine Gabel oder den Kochlöffelstiel bis zum Topfboden in den Reis stecken. Sofern der Reis noch nicht weich ist und zu wenig Wasser hat, noch etwas Wasser zugeben.

Nehmen Sie den Topf nun vom Herd. Sie können den Reis noch einige Minuten nachquellen lassen, er wird dadurch trockener und körniger. Lockern Sie den Reis vor dem Servieren mit der Gabel auf.

Wasserreis

200 g weißer Langkornreis
2 l Kochwasser
½ TL Meersalz

Am einfachsten und weit verbreitet ist es, den Reis wie Nudeln in reichlich sprudelndem Salzwasser zu kochen. Sobald er gar ist, wird das überschüssige Wasser durch ein Sieb abgegossen, beziehungsweise bei Kochbeutelreis der Beutel einfach herausgenommen. Weißer Reis ist bereits nach 15 Minuten gar, Naturreis braucht 40 – 45 Minuten. Um den Reis trockener zu machen, geben Sie ihn in den Topf zurück und lassen ihn auf kleiner Stufe 2 Minuten ausdämpfen.

Bei geschliffenem Reis wirkt sich die Wasser-Kochmethode auf den Gesundheitswert kaum nachteilig aus, da ohnehin wenig Vitamine und Mineralstoffe enthalten sind. Für Naturreis ist das Kochen in viel Wasser nicht empfehlenswert, da mit dem überschüssigen Wasser wertvolle Stoffe abgegossen werden.

Auch bei dieser Methode sollte die Kochzeit exakt eingehalten werden. Zu lange gekochten Reis erkennen Sie daran, daß die Körner an den Enden gespalten sind.

Gedämpfter Reis

200 g weißer Klebreis
etwa 300 ml Kochwasser

Reis mit Dampf zu garen, ist in Asien weit verbreitet. Die etwas aufwendige Methode bietet sich besonders für Klebreis an, denn er wird auf diese Weise lockerer als in Wasser gekocht. Der Reis wird vor dem Kochen 2 Stunden oder über Nacht in kaltem Wasser eingeweicht.

Als Dämpfeinsatz wird in Asien ein Bambuskorb oder ein Metalleinsatz *(Reform-Kocheinsatz)* benutzt, beide sind auch bei uns erhältlich. Noch wichtiger als bei der Quellmethode ist ein Topf mit gut schließendem Deckel, so daß möglichst kein Dampf entweichen kann. Am besten wickeln Sie den Deckel in ein Geschirrtuch oder legen zwischen Topf und Deckel ein Tuch, das den Dampf aufnimmt. Stellen Sie den Einsatz in einen 2 cm hoch mit Wasser gefüllten Topf; der Reis sollte nicht im Wasser liegen. Über kochendem Wasser wird der Reis nun 30 Minuten gedämpft. Gedämpfter Reis kommt in der Regel ungesalzen auf den Tisch und wird mit Sojasauce gewürzt oder mit einer scharfen Sauce gegessen.

Wildreis

125 g Wildreis
250 ml Kochwasser

Den Wildreis in einem Sieb unter fließend heißem Wasser gut waschen und abtropfen lassen. 125 ml Wasser zum Kochen bringen und den Reis 1 Stunde darin einweichen.
Den Wildreis mit dem übrig gebliebenen Einweichwasser und weiteren 125 ml Wasser aufkochen und auf kleiner Hitze 30 – 35 Minuten garen. Der Reis ist gar, wenn er an den Enden aufplatzt. Eventuell überschüssiges Wasser abgießen.

• Wildreis kocht am besten ohne Salz. Würzen Sie erst kurz vor dem Servieren.

Basmatireis

250 g Basmatireis (natur)
450 ml Kochwasser
1 Prise Meersalz
etwas Butter (nach Belieben)

Den Reis waschen und in kaltem Wasser 30 Minuten einweichen. Durch ein Sieb abgießen, abtropfen lassen und mit knapp der doppelten Menge frischem Wasser (etwa 450 ml) und einer Prise Salz aufkochen. Sobald der Reis kocht, auf kleinster Hitze 20 Minuten ausquellen lassen. Den heißen Reis mit einer Gabel auflockern und die Butter unterrühren.

Vorsicht bei einer Elektroplatte! Am besten nehmen Sie den Topf von der Platte, sobald der Reis kocht und lassen ihn 30 Minuten ausquellen. Bekommt Basmatireis zu viel Hitze, platzen die Körner schnell auf.

Jasminreis (thailändischer Duftreis)

200 g Jasminreis (natur)
500 ml Kochwasser
1 Prise Meersalz

Den Reis in einem Sieb unter fließendem Wasser waschen. Mit einer Prise Salz und 500 ml Wasser aufkochen und auf kleiner Hitze 45 Minuten ausquellen lassen.

• Wenn Sie weißen Jasminreis verwenden, verkürzt sich die Koch-zeit auf 12 – 15 Minuten.

Jasminreis in Kokosmilch

200 g Jasminreis (natur)
1 Prise Meersalz
1 frisches Limettenblatt (nach Belieben)

Für 500 ml Kokosmilch:
200 g getrocknete Kokosraspeln
600 ml heißes Wasser

Für die Kokosmilch die Kokosraspeln in einem Topf mit heißem Wasser überbrühen, 30 Minuten stehen lassen und anschließend durchkneten. Ein Sieb mit einem Mull- oder Geschirrtuch ausle-gen und einen Topf darunterstellen. Die Kokosmasse in das Sieb gießen und mit dem Tuch kräftig ausdrücken. Den Reis waschen, abtropfen lassen und mit der Kokosmilch aufkochen. Salz und Limettenblatt zugeben und den Reis bei kleiner Hitze 45 Minu-ten garen. Vor dem Servieren die auf dem Reis abgesetzte Kokos-creme mit einer Gabel untermischen.

Limettenreis

200 g Langkornreis (natur)
500 ml Kochwasser
1 Prise Meersalz
1 EL Butter oder Butterschmalz
1 TL Kurkuma
½ TL schwarze Senfkörner
Saft von einer halben Limette (ersatzweise Zitrone)

Den Reis in Salzwasser aufkochen und bei geringer Hitze 40 Minuten garen. Die Butter oder das Butterschmalz auslassen und Kurkuma und Senfkörner kurz darin anschwitzen. Den gekochten Reis unterheben und mit Limettensaft abschmecken.

Raffiniert bis exotisch
Salate mit Reis

Tips für Salate mit Reis

Für Salate benötigt man möglichst frische Zutaten. Während für Suppen der Reis vom Vortag seinen Zweck voll erfüllt, sollten Sie für Salate immer frisch gekochten Reis nehmen. Von den verschiedenen Sorten eignet sich Langkornreis am besten. Er ist kerniger im Biß und klebt weniger zusammen als Rundkornreis. Sie können Langkorn- und Basmatireis auch mit Wildreis mischen. Die langen schwarzen Körner sind nicht nur ein optischer Blickfang, sondern geben jedem Salat ein leicht nussiges Aroma.

Ähnlich wie Pasta läßt sich Reis hervorragend mit anderen Zutaten kombinieren, seien es Gemüse, Bohnen, Kräuter, Früchte oder Nüsse. Der angerichtete Reissalat gewinnt an Geschmack, wenn er noch 30 Minuten bis eine Stunde durchziehen darf. Lockern Sie ihn vor dem Servieren mit einer Gabel auf, und plazieren Sie ihn auf einer mit Salatblättern ausgelegten Platte oder Schüssel.

Griechischer Reissalat

250 g Langkornreis (natur)
600 ml Kochwasser
Meersalz
½ grüne Paprikaschote
1 kleine Zwiebel
4 mittelgroße Tomaten
100 g schwarze Oliven
1 EL Kapern
1½ EL Weinessig
3 EL Olivenöl
frisch gemahlener schwarzer Pfeffer
125 g Schafsfeta
½ Bund frisches Basilikum

Den Reis waschen, in Salzwasser aufkochen und 40 Minuten bei geringer Hitze garen. Anschließend abkühlen lassen.
Das Kerngehäuse aus der halben Paprikaschote entfernen und das Fruchtfleisch waschen und fein würfeln. Zwiebel schälen und ebenfalls fein würfeln. Tomaten waschen und achteln. Das Gemüse zusammen mit den übrigen Zutaten (außer Feta und Basilikum) unter den Reis mischen. Zum Schluß den zerbröckelten Feta und die gewaschenen und in Streifen geschnittenen Basilikumblätter unterheben. 30 Minuten ziehen lassen.

Mexikanischer Reissalat mit roten Bohnen

100 g Kidneybohnen
Kochwasser für die Bohnen
Meersalz
150 g Langkornreis (natur)
350 ml Kochwasser für den Reis
1 Zwiebel
1 grüne Paprikaschote
1 grüne Chilischote
4 Tomaten
4 EL Olivenöl
1 EL Zitronensaft
½ Bund frisches Basilikum

Die Bohnen über Nacht einweichen und tags darauf in der dreifachen Menge Wasser bei kleiner Hitze etwa eine Stunde kochen. Erst kurz vor Ende der Garzeit salzen.

Den Reis waschen, in Wasser 40 Minuten bei kleiner Hitze garen. Bohnen und Reis etwas abkühlen lassen.

Währenddessen die Zwiebel schälen und fein hacken. Die Paprikaschote halbieren, das Kerngehäuse herauslösen und das Fruchtfleisch waschen und würfeln. Die Chilischote waschen, der Länge nach aufschlitzen, mit einem Messer die Kerne und Scheidewände entfernen und die Schote in feine Streifen schneiden. Tomaten waschen und achteln.

Das Öl in einer Pfanne erhitzen und Zwiebeln, Paprika und Chili 3 Minuten dünsten. Die Tomaten zugeben und 2 Minuten mitdünsten.

Das gedünstete Gemüse unter die Bohnen und den Reis heben. Mit Salz und Zitronensaft abschmecken und 30 Minuten ziehen lassen. Vor dem Servieren die abgezupften Basilikumblätter unterheben.

Reissalat mit Champignons und Zuckerschoten

200 g Langkornreis (natur)
500 ml Kochwasser
Meersalz
150 g Zuckerschoten
Wasser für die Zuckerschoten
150 g frische Champignons

Für das Dressing:
1 Bund Schnittlauch
2 EL Balsamessig (Balsamico)
4 EL Sonnenblumenöl
3 EL Joghurt
3 EL Crème fraîche
frisch gemahlener weißer Pfeffer
Meersalz

Den Reis waschen, in Salzwasser aufkochen und 40 Minuten bei geringer Hitze garen. Die Zuckerschoten waschen und 3 – 4 Minuten blanchieren oder dämpfen. Die Champignons putzen und in Scheiben schneiden. Das Gemüse unter den abgekühlten Reis mischen.
Den Schnittlauch waschen und in Röllchen schneiden. In einem Schälchen das Dressing anrühren, unter den Salat heben und 30 Minuten ziehen lassen.

Reissalat mit Champagne-Linsen

100 g Champagne-Linsen (oder andere kleine braune Linsen)
Kochwasser für die Linsen
1 Lorbeerblatt
Meersalz
100 g Langkornreis (natur)
250 ml Kochwasser für den Reis
1 kleine Zwiebel
1 große Fleischtomate

Für das Dressing:
1 Bund Rucola
5 – 6 EL Olivenöl
2 EL Balsamessig (Balsamico)
frisch gemahlener schwarzer Pfeffer
Meersalz

Die Linsen mit der dreifachen Menge Wasser und dem Lorbeerblatt bei kleiner Hitze 45 Minuten kochen. Erst salzen, kurz bevor die Linsen gar sind, und das Lorbeerblatt entfernen.

Den Reis waschen und in der zweieinhalbfachen Menge Wasser 40 Minuten garen. Die Zwiebel schälen und fein hacken, die Tomate waschen, grob würfeln und zusammen mit den Linsen unter den abgekühlten Reis heben.

Den Rucola waschen und fein schneiden, mit den übrigen Dressingzutaten unter den Salat mischen und 30 Minuten ziehen lassen.

Reissalat mit geräuchertem Tofu

200 g Langkornreis (natur)
500 ml Kochwasser
Meersalz
125 g Räuchertofu
1 rote Paprikaschote
1 Avocado
1 TL Zitronensaft
75 g Mungbohnensprossen
Wasser zum Blanchieren

Für die Vinaigrette:
2 EL Weißweinessig
1 TL scharfer Senf
frisch gemahlener weißer Pfeffer
Meersalz
5 EL Olivenöl

Den Reis waschen, in Salzwasser aufkochen lassen und 40 Minuten bei kleiner Hitze garen und abkühlen lassen. Den Tofu würfeln, die Paprikaschote halbieren, entkernen, waschen und in kleine Stücke schneiden. Die Avocado schälen, würfeln und mit etwas Zitronensaft beträufeln, damit sie nicht braun wird. Die Sprossen in heißem Wasser 2 Minuten blanchieren. Tofu, Paprika, Avocado und Sprossen vorsichtig unter den Reis heben. Die Zutaten für die Vinaigrette mit Ausnahme des Olivenöls in einem Schälchen anrühren. Als letztes das Olivenöl unter ständigem Rühren langsam zugeben und die Sauce sämig schlagen. Vinaigrette unter den Salat heben.

Roter Reissalat mit grünen Bohnen

200 g roter Reis
450 ml Kochwasser für den Reis
Meersalz
250 g grüne Bohnen
Kochwasser für die Bohnen
4 Tomaten
½ Bund Rucola
1 kleiner Radicchio

Für das Dressing:
2 EL Weinessig
3 EL Olivenöl
1 TL Dijon-Senf
Meersalz
frisch gemahlener schwarzer Pfeffer

Den Reis waschen, in Salzwasser aufsetzen und bei kleiner Hitze 45 Minuten quellen lassen. Anschließend abkühlen lassen.
Die Bohnen putzen, in streichholzlange Stücke schneiden und in sprudelndem Salzwasser 6 – 8 Minuten vorgaren. Durch ein Sieb abgießen und kalt abschrecken.
Die Tomaten waschen und achteln. Den Rucola waschen und in mundgerechte Stücke zupfen. Die Zutaten für das Dressing anrühren. Den gegarten Reis unter das Gemüse mischen und mit dem Dressing verrühren. Die Radicchioblätter waschen, auf eine Platte legen und den Salat darauf anrichten.

Tropischer Reis-Frucht-Salat auf Chicorée

200 g Langkornreis (natur)
500 ml Kochwasser
Meersalz
1 Mango
1 kleine Papaya
1 Baby-Ananas
1 Chicorée
1 EL Sultaninen
4 EL süße Sahne
Saft einer halben Blutorange
1 TL Zitronensaft
1 Kiwi
2 EL Pistazienkerne

Den Reis waschen, in Salzwasser 40 Minuten bei kleiner Hitze kochen und abkühlen lassen.

Die Mango schälen, das Fruchtfleisch vom Stein schneiden und würfeln. Die Papaya halbieren, entkernen und mit einem Löffel das Fruchtfleisch herauslösen und würfeln. Die Ananas schälen, halbieren, den harten Strunk herausschneiden und das Fruchtfleisch in Stifte teilen.

Das bittere untere Ende des Chicorée abschneiden und 6 große Blätter ablösen. Den Rest in feine Streifen schneiden. Die ganzen Blätter mit den spitzen Enden nach außen auf einer Salatplatte anrichten.

Den Reis mit geschnittenen Früchten, Sultaninen, Sahne, Blutorangen- und Zitronensaft mischen und auf den Chicoréeblättern anrichten. 30 Minuten ziehen lassen.

Die Kiwi schälen, in Scheiben schneiden und den Salat damit garnieren. Mit gehackten Pistazien bestreuen.

Reissalat mit Weintrauben

200 g Langkornreis (natur)
500 ml Kochwasser
1 Prise Meersalz
100 g blaue Trauben
100 g weiße Trauben
1 reife Birne
2 EL Rosinen
2 EL Mandelsplitter
frische Zitronenmelisse

Für das Dressing:
125 g Joghurt
2 EL Zitronensaft
1 TL flüssiger Honig (z. B. Akazienhonig)
frisch gemahlener schwarzer Pfeffer
1 EL Haselnußöl (oder ein anderes Nußöl)

Den Reis in Wasser und einer Prise Salz 40 Minuten bei kleiner Hitze garen. Die Weintrauben waschen, halbieren und entkernen. Die Birne waschen, halbieren, das Kerngehäuse herausschneiden und das Fruchtfleisch würfeln.

Den abgekühlten Reis mit den Früchten und Rosinen mischen. Das Dressing anrühren und unterheben. Den Salat 30 Minuten ziehen lassen. Die Mandelsplitter in einer Pfanne ohne Fett kurz rösten und über den Salat streuen. Mit einigen Blättchen Zitronenmelisse garnieren.

Reissalat mit Grapefruit

200 g Langkornreis (natur)
500 ml Kochwasser
1 Prise Meersalz
Saft einer Orange
2 EL Rosinen
1 pink Grapefruit
1 Avocado
frisch gemahlener schwarzer Pfeffer
2 EL Crème fraîche
2 EL gehackte Walnußkerne

Den Reis waschen und in Wasser und einer Prise Salz 40 Minuten garen. Rosinen 30 Minuten in dem Orangensaft einweichen. Die Grapefruit schälen und dabei sorgfältig die weiße Innenhaut entfernen. Die Schnitze in etwa 1 cm breite Stücke schneiden. Die Avocado schälen und würfeln.

Den abgekühlten Reis mit den Rosinen und den Grapefruitstückchen mischen. Vorsichtig die Avocado unterheben. Mit Pfeffer abschmecken und die Crème fraîche zugeben. Mit den gehackten Nüssen garnieren.

Reissalat mit Mangospalten

200 g Langkornreis (natur)
500 ml Kochwasser
Meersalz
2 reife Mangos
2 Bananen
4 EL Orangensaft
3 EL Limettensaft
50 ml süße Sahne
4 EL Walnußöl
frisch gemahlener weißer Pfeffer
Muskat
2 EL gehackte Macadamianüsse (ersatzweise Cashewkerne)

Den Reis waschen, mit Wasser und einer Prise Salz aufsetzen und 40 Minuten bei kleiner Hitze garen.
Die Mango schälen und spaltenweise vom Kern lösen. Die Bananen in Scheiben schneiden. Das Obst mit dem abgekühlten Reis, den frisch gepreßten Säften und der Sahne mischen. Öl zugeben und den Salat mit Salz, Pfeffer und Muskat abschmecken. Vor dem Servieren mit den gehackten Macadamianüssen beziehungsweise den Cashewkernen bestreuen.

Cremig und sämig
Feine Suppen

Selbstgemachte Gemüsebrühe

In etlichen Rezepten in diesem Buch finden Sie in der Zutatenliste »Gemüsebrühe«. Sie können dafür einen Brühwürfel oder einen Löffel gekörntes Instant-Pulver verwenden. Sie können aber auch Ihren eigenen Suppenstock herstellen.

Nehmen Sie für einen Liter Brühe
1 Möhre
1 Wurzelpetersilie
1 kleine Lauchstange
2 – 3 Stengel Staudensellerie
1,25 l Wasser
Gewürze wie Salz, Pfeffer, Lorbeer, Petersilie
  oder Knoblauch

Das Gemüse in Stücke schneiden, im Wasser aufkochen und würzen. Das Ganze 50 Minuten köcheln lassen, und die Brühe durch ein Haarsieb gießen. Sie können die Gemüsebrühe auch auf Vorrat herstellen; gekühlt hält sie sich 4 – 5 Tage, tiefgefroren ein Jahr und länger.

Currysuppe mit Shiitake-Pilzen

200 g getrocknete Kokosraspeln
600 ml heißes Wasser
100 g frische Shiitake-Pilze
2 Frühlingszwiebeln mit Grün
½ rote Paprikaschote
2 EL Butter
2 TL Curry
500 ml Gemüsebrühe
1 Msp Cayennepfeffer
75 g gekochter Langkornreis (natur) vom Vortag
Meersalz

Für die Kokosmilch die Kokosraspeln in einem Topf mit heißem Wasser überbrühen, 30 Minuten stehen lassen und anschließend durchkneten. Ein Sieb mit einem sauberen Mull- oder Geschirrtuch auslegen und einen Topf darunter stellen. Die Kokosmasse in das Sieb gießen und mit dem Tuch kräftig ausdrücken.

Die Shiitake-Pilze putzen, Stiele und Schirmkappen in Streifen schneiden. Die Frühlingszwiebeln schälen und in Ringe schneiden. Das Zwiebelgrün waschen und fein hacken und 2 EL davon zur Seite legen.

Das Kerngehäuse aus der halben Paprikaschote entfernen, das Fruchtfleisch waschen und klein würfeln. Die Butter in einem Topf auslassen und darin Pilze und Zwiebeln andünsten. Curry und Paprikawürfel zu den Pilzen geben. Kokosmilch und Gemüsebrühe an das Gemüse gießen und den Reis einrühren. Mit Salz und Pfeffer abschmecken und kurz aufkochen. Vor dem Servieren das Zwiebelgrün darüber streuen.

Möhren-Kokos-Suppe

2 mittelgroße Möhren
1 EL Zitronensaft
2 Schalotten oder 1 Zwiebel
1 EL Butter
1 l heiße Gemüsebrühe
3 EL Kokosextrakt
100 g gekochter Basmatireis (natur) vom Vortag
100 g Crème fraîche
1 EL Kokosflocken
frische Zitronenmelisse

Die Möhren putzen, fein raspeln und mit Zitronensaft beträufeln. Die Schalotten beziehungsweise die Zwiebel schälen, fein hacken und in der ausgelassenen Butter glasig dünsten. Die Möhren dazugeben. Mit heißer Gemüsebrühe ablöschen und 10 Minuten köcheln lassen.
Die Kokoscreme, den gekochten Reis und die Crème fraîche einrühren und nochmals 3 – 4 Minuten bei kleiner Hitze ziehen lassen. Vor dem Servieren die Kokosflocken darüber streuen und mit Zitronenmelisse garnieren.

Kürbiscremesuppe

350 g Kürbis (z. B. Potimarron oder Hokkaido)
1 Möhre (etwa 60 g)
1 EL Butter
1 l heiße Gemüsebrühe
Meersalz
frisch gemahlener weißer Pfeffer
Muskat
75 g gekochter Langkornreis (natur) vom Vortag
2 EL gehackte glatte Petersilie
100 g Crème fraîche
2 EL Kürbiskerne

Den Kürbis schälen, entkernen und grob würfeln. Die Möhre putzen und in Scheiben schneiden. Die Möhre und den Kürbis in der ausgelassenen Butter kurz anschwitzen und die Gemüsebrühe angießen. Würzen und 20 Minuten garen.

Das gekochte Gemüse mit der Brühe im Mixer oder mit dem Pürierstab pürieren. Den gekochten Reis, die gehackte Petersilie und die Crème fraîche einrühren und nochmals kurz aufwallen lassen. Die Kürbiskerne in einer Pfanne ohne Fett kurz rösten und über die Suppe streuen.

Spinatsuppe mit Wildreis

500 g Blattspinat
2 Schalotten
2 EL Olivenöl
½ Bund frisches Basilikum
750 ml Gemüsebrühe
300 g Sahnejoghurt
75 g gekochter Wildreis vom Vortag
Meersalz
frisch gemahlener Pfeffer
1 EL Zitronensaft

Den Spinat putzen, gut waschen und in grobe Streifen schneiden. Die geschälten und fein gehackten Schalotten in heißem Öl
anbraten, den Spinat zugeben und auf kleiner Hitze kurz dünsten. Sobald der Spinat zusammengefallen ist, gewaschenes und
gehacktes Basilikum in den Topf geben und alles mit dem Pürierstab pürieren (einige Blättchen zum Garnieren beiseite legen).
Die heiße Gemüsebrühe, den Joghurt und den Wildreis in den
Spinat rühren und 2 – 3 Minuten aufwallen lassen. Mit Salz,
Pfeffer und Zitronensaft abschmecken.

Bananencremesuppe

2 Schalotten
2 reife Bananen
1 – 2 EL Butter
1 l heiße Gemüsebrühe
1 Prise Meersalz
1 TL Zitronensaft
100 g gekochter Langkorn- oder Basmatireis (natur)
  vom Vortag
125 ml süße Sahne
frische Minze

Die geschälten und fein gehackten Schalotten und die in Scheiben geschnittenen Bananen in der ausgelassenen Butter anschwitzen. Anschließend mit dem Pürierstab pürieren. Die Gemüsebrühe angießen, mit Salz und Zitronensaft abschmecken und aufkochen. Den gekochten Reis zugeben, die Sahne einrühren und 3 Minuten ziehen lassen, bis der Reis heiß ist. Mit Minzblättern garnieren.

Feine Tomatensuppe

750 g reife Tomaten
Wasser zum Überbrühen
2 Knoblauchzehen (nach Belieben)
500 ml heiße Gemüsebrühe
100 g gekochter Langkornreis (natur) vom Vortag
Meersalz
frisch gemahlener weißer Pfeffer
125 g Schmand oder saure Sahne
1 Bund Schnittlauch

Die Tomaten mit kochendem Wasser überbrühen, häuten und würfeln. Die Knoblauchzehen abziehen und fein hacken. Tomaten und Knoblauch mit dem Pürierstab pürieren und in der Gemüsebrühe 10 Minuten leise köcheln.
Den gekochten Reis zugeben und mit Salz und Pfeffer würzen. Den Schmand beziehungsweise die saure Sahne einrühren und nochmals 3 Minuten ziehen lassen. Mit in Röllchen geschnittenem Schnittlauch garnieren.

Mailänder Minestrone

200 g kleine weiße Bohnen
Einweich- und Kochwasser für die Bohnen
Meersalz
2 Schalotten
2 Knoblauchzehen
1 kleine Lauchstange
2 Wirsingblätter
4 Tomaten
2 EL Olivenöl
1 l heiße Gemüsebrühe
2 Lorbeerblätter
1 Zweig frischer Thymian
frisch gemahlener Pfeffer
75 g gekochter Langkornreis (natur) vom Vortag
50 g Parmesan

Die über Nacht eingeweichten Bohnen waschen und in der dreifachen Menge Wasser 45 Minuten kochen. Kurz vor Ende der Garzeit salzen.

Die Schalotten schälen und fein würfeln, die Knoblauchzehen abziehen und fein hacken. Den Lauch waschen und in ½ cm dicke Ringe schneiden. Die Wirsingblätter waschen und in dünne Streifen schneiden, die Tomaten waschen und achteln.

Das Öl in einem Topf erhitzen und die Schalotten und den Knoblauch kurz anbraten. Lauch und Wirsing zugeben. Die heiße Gemüsebrühe angießen, mit Lorbeer, Thymian, Pfeffer und Salz würzen und 15 Minuten auf kleiner Hitze garen.

Anschließend die gekochten Bohnen und die Tomaten zugeben und etwa 8 – 10 Minuten köcheln. Den Reis einrühren und nochmals kurz aufwallen lassen. Vor dem Servieren die Lorbeerblätter entfernen und den geriebenen Parmesan über die Suppe streuen.

Vermicelli-Suppe

160 g Vermicelli
Kochwasser für die Vermicelli
1 kleine Lauchstange
1,2 l Wasser oder ungesalzene Gemüsebrühe
2 gestrichene EL Gersten- oder Reismiso
frisches Koriandergrün

Die Reisnudeln in kochendem Wasser 6 – 8 Minuten garen. An-schließend abgießen und die Nudeln unter fließendem Wasser gut abspülen.

Den Lauch waschen, in 2 – 3 mm dünne Ringe schneiden und in 1,2 l kochendem Wasser beziehungsweise ungesalzener Gemü-sebrühe 3 Minuten garen. Den Topf vom Herd nehmen. Von dem Lauchwasser eine halbe Tasse abnehmen und das Miso dar-in sämig rühren. Dann das Miso in den Topf mit dem Lauch rühren und 2 Minuten ausflocken lassen. Die gekochten Reisnu-deln zugeben und die Suppe mit Koriandergrün garnieren.

Japanische Reis-Dashi

100 g japanischer Klebreis (geschliffen)
250 ml Wasser
Meersalz
1 Noriblatt
1 TL Sesamsaat
1 TL Wasabi
1 EL Sojasauce (Shoyu)
1 Prise Sanshou (ersatzweise schwarzer Pfeffer)
Brunnenkresse

Für 1 l Dashi-Brühe:
1 Streifen Kombu-Alge (etwa 10 cm lang)
1 l Wasser
2 getrocknete Shiitake-Pilze

Den Reis waschen, in Wasser mit einer Prise Salz aufkochen und 20 Minuten bei geringer Hitze garen. Das Noriblatt über der Gasflamme (auf dem Elektroherd in einer Pfanne) von beiden Seiten 20 – 30 Sekunden rösten, bis sich die Alge leicht grünlich färbt. Das Blatt mit einer Schere in dünne, 4 – 5 cm lange Streifen schneiden. Die Sesamsaat in einer trockenen Pfanne kurz rösten.

Für die Dashi-Brühe die Kombu-Alge mit einem feuchten Tuch reinigen, in Wasser aufsetzen und mit den Shiitake-Pilzen auf kleiner Hitze 10 Minuten köcheln. Die Alge aus der Brühe nehmen – sie liefert nur Geschmack und wird nicht mitgegessen. Die Pilze ebenfalls herausnehmen, in Streifen schneiden und in die Brühe zurückgeben.

Den gekochten Reis in eine Suppenschüssel geben und die heiße Dashi-Brühe darübergießen. Das Wasabi-Pulver in etwas Wasser anrühren und in die Suppe geben. Mit Sojasauce und einer Prise Pfeffer abschmecken. Noristreifen und Sesamsaat darüber streuen und mit einigen Blättchen Brunnenkresse garnieren.

Chili con Arroz

200 g Kidneybohnen
Einweich- und Kochwasser für die Bohnen
Meersalz
1 große Zwiebel
2 Knoblauchzehen
1 rote Paprikaschote
2 EL Olivenöl
1 Glas geschälte Tomaten (etwa 800 g mit Saft)
Chilipulver
1 TL getrockneter Oregano
250 g gekochter roter Reis vom Vortag
etwa 125 ml Gemüsebrühe (nach Bedarf)

Die Bohnen über Nacht einweichen, tags darauf waschen und in der dreifachen Menge Wasser auf kleiner Hitze etwa eine Stunde garen. Das Salz erst kurz vor Ende der Garzeit zugeben. Das überschüssige Kochwasser abgießen.

Die Zwiebel schälen und würfeln, die Knoblauchzehen abziehen und fein hacken. Die Paprikaschote halbieren, entkernen, waschen und fein würfeln. Das Öl in einer Pfanne erhitzen und die Zwiebeln und den Knoblauch anbraten. Bohnen, Paprika und Tomaten mit dem Saft dazugeben und würzen. Bei offenem Deckel 15 Minuten köcheln lassen, dabei gelegentlich umrühren.

Den gekochten roten Reis untermischen und weitere 5 Minuten köcheln lassen. Sollte das Chili zu trocken werden, eventuell noch eine Tasse heiße Gemüsebrühe angießen.

- Ein Chili muß etwas Schärfe haben. Sollten Sie im Umgang mit Chilipulver noch nicht geübt sein, fangen Sie mit 2 Msp an, wenn Sie es wirklich »hot« wollen, darf es auch ¼ TL oder mehr sein. Reichen Sie zum Chili einen grünen Salat und ein Baguette.

Gefärbt und geformt
Reisrand und Timbale

Gelber Reis

12 g frische Kurkumawurzel (Gelbwurz)
1 EL Butterschmalz
200 g Basmatireis (natur)
500 ml Kochwasser
Meersalz

Die geschälte und fein geriebene Kurkumawurzel in heißem Butterschmalz 1 Minute braten. Den Reis waschen, gut abtropfen, dazugeben und kurz mitbraten. Das Wasser angießen, salzen und den Reis 35 Minuten bei kleiner Hitze garen.

Safranreis

200 g Langkornreis (natur)
500 ml Kochwasser
Meersalz
2 EL Butter
½ TL Safranfäden

Den Reis waschen, in Salzwasser aufkochen und 40 Minuten bei kleiner Hitze garen. In einem Pfännchen die Butter auslassen und die Safranfäden einrühren. Die Safranbutter unter den gegarten Reis mischen.

Curryreis

2 EL Pflanzenöl oder Butterschmalz
2 TL Curry
200 g Langkornreis (natur)
500 ml Kochwasser
Meersalz

Das Fett in einem Topf erhitzen und den Curry darin kurz anschwitzen. Den Reis waschen, gut abtropfen lassen, zugeben und 2 Minuten mitbraten. Das Wasser angießen, salzen und den Reis 40 Minuten auf kleiner Hitze köcheln lassen.

Anattoreis

1 gestrichener EL Anattosamen
2 EL Sesamöl
250 g Rundkornreis (natur)
600 ml Kochwasser
Meersalz

Die Anattosamen im Mörser grob zerstoßen. Das Öl in einem Topf erhitzen und den Anatto darin kurz anschwitzen. Den Reis waschen, gut abtropfen lassen und zugeben. Das Wasser angießen, salzen und den Reis 45 Minuten bei kleiner Hitze garen.

Grüner Reisrand mit Ratatouille

Für den Reis:

200 g Langkornreis (natur)
500 ml Kochwasser
Meersalz
Sonnenblumenöl
2 EL Sesamsaat
2 EL fein gehackte glatte Petersilie
2 EL Schnittlauchröllchen
1 EL fein gehacktes Basilikum
1 EL fein gehacktes Rucola

Für das Ratatouille:

2 Schalotten
2 Knoblauchzehen
1 rote Paprikaschote
1 gelbe Paprikaschote
500 g Strauchtomaten
1 kleine Zucchini
1 kleine Aubergine
3 EL Olivenöl
Meersalz
frisch gemahlener schwarzer Pfeffer
frischer Thymian

Den Reis waschen und in Salzwasser 40 Minuten bei kleiner Hitze garen.

Für das Ratatouille die Schalotten schälen und fein würfeln, den Knoblauch abziehen und grob hacken. Das Gemüse waschen. Die Paprikaschoten halbieren, das Kerngehäuse herausnehmen und das Fruchtfleisch in Streifen schneiden. Die Tomaten achteln, die Zucchini würfeln und die Aubergine in grobe Stücke schneiden.

Zwiebeln und Knoblauch in heißem Öl anbraten. Das Gemüse zugeben, würzen und bei kleiner Hitze 20 Minuten im eigenen Saft dünsten.

Eine Ringform gut mit Öl einpinseln. Die Sesamsaat in einer Pfanne ohne Fett kurz rösten und auf den Boden der Ringform streuen. Die gehackten Kräuter unter den heißen Reis mischen. Den Reis in die Form drücken und auf einen großen flachen Teller stürzen. Das Ratatouille in den Reisrand geben und sofort servieren.

Vier-Farben-Timbale

250 g Langkornreis (natur)
600 ml Kochwasser
Meersalz
Sonnenblumenöl zum Einölen der Formen

Für das grüne Timbale:
50 g Spinat oder 2 EL gehackte Kräuter

Für das gelbe Timbale:
etwas Butter
½ TL Kurkuma

Für das orangerote Timbale:
1 TL Tomatenmark
frischer Thymian

Für das dunkelrote Timbale:
2 EL Rote-Bete-Saft

Den Reis waschen, in Salzwasser aufkochen und 40 Minuten garen. Den Spinat kurz blanchieren, mit dem Pürierstab pürieren und unter ein Viertel des Reis mischen. Ein Förmchen gut mit Öl einpinseln. Den Reis einfüllen, festdrücken und auf einen Teller stürzen.

Für das gelbe Timbale die Butter in einem Pfännchen auslassen und Kurkuma darin kurz anschwitzen. Mit einem weiteren Viertel Reis vermischen und wie oben verfahren.

Für das orangerote Timbale ein Viertel des Reis mit Tomatenmark und einigen Thymianblättchen mischen, ebenso in eine eingefettete Form drücken und auf den Teller stürzen.

Unter den übrigen Reis den Rote-Bete-Saft rühren und ebenfalls stürzen.

- Das aus der französischen Küche entlehnte Timbale bezeichnet eine Becherform, in der gegart (Pastete), gefroren (Eiscreme) oder Reis angerichtet wird. Mit einer Timbale können Sie auf einfache Weise den Reis optisch attraktiv präsentieren. Als Formen bieten sich Tassen oder Gläser an. Stürzen Sie den Reis direkt auf den Servierteller, und plazieren Sie Gemüse, Tofu und anderes daneben.

Paella, Risotto und Pilaw

Das perfekte Risotto

Risotto ist einer der Klassiker der italienischen Küche. Seine Zubereitung hat bereits eine 500jährige Tradition. In entsprechend vielen Variationen kommt das Gericht daher. Kenner schätzen es, wenn das Risotto weder zu trocken noch zu feucht, weder zu kernig noch zu breiig ist – sämig soll es sein. Dabei spielt die richtige Reisauswahl eine nicht unwesentliche Rolle. Grundsätzlich wird immer Rundkornreis verwendet, allen voran die großkörnigen italienischen Sorten *Arborio*, *Carnaroli* und *Vialone nano*. Sie sind bei uns nur geschliffen im Handel. Doch wie die Rezepte in diesem Buch zeigen, läßt sich Risotto auch mit Naturreis zubereiten – neben italienischem Rundkornreis eignet sich dazu auch der spanische *Calasparra*-Reis. Immer wird der Reis in Butter oder Öl einige Minuten angeschwitzt und dann mit Wasser oder Gemüsebrühe beziehungsweise Wein etappenweise abgelöscht. Sobald das Risotto zu trocken wird, gießt man etwas Wasser nach. Käse wird immer erst ein bis zwei Minuten vor dem Servieren eingerührt – neben Parmesan können Sie auch Pecorino und Gorgonzola nehmen.

Das *Pilaw* ist mit dem Risotto verwandt. Es wird vom östlichen Mittelmeerraum über den Mittleren Osten bis nach Indien in zahlreichen Varianten geschätzt.

Bunte Gemüsepaella

1 Zwiebel
2 Knoblauchzehen
2 kleine Möhren
1 grüne Paprikaschote
1 rote Paprikaschote
200 g Brokkoli
200 g Tomaten
4 EL Olivenöl
300 g Calasparra-Reis (natur)
750 ml heiße Gemüsebrühe
2 Lorbeerblätter
Meersalz
frisch gemahlener schwarzer Pfeffer

Die Zwiebel schälen und grob würfeln und den Knoblauch abziehen und fein hacken. Das Gemüse putzen und waschen. Die Möhren der Länge nach halbieren und in etwa 1 cm breite Halbmonde schneiden. Die Paprikaschoten halbieren, entkernen und in Streifen schneiden. Den Brokkoli in mundgerechte Röschen zerteilen, die Tomaten vierteln.

Das Öl in einer großen Pfanne erhitzen und Zwiebel und Knoblauch anbraten. Gewaschenen und gut abgetropften Reis, Möhren und Paprika kurz mitbraten und die heiße Gemüsebrühe angießen. Lorbeerblätter zugeben und zugedeckt 30 Minuten köcheln lassen. Brokkoli und Tomaten unterheben, würzen und ohne Deckel weitere 10 – 12 Minuten garen, bis fast die gesamte Flüssigkeit verdampft ist.

Vor dem Servieren das Lorbeerblatt entfernen.

Mailänder Safranrisotto

1 Zwiebel
1 EL Butter
175 g weißer Arborio-Reis
60 ml trockener Weißwein
400 ml Gemüsebrühe
1 Döschen Safranfäden (3 g)
Meersalz
frisch gemahlener weißer Pfeffer
50 g Parmesan

Die Zwiebel schälen, fein hacken und in der ausgelassenen Butter glasig dünsten. Den Reis zugeben und unter ständigem Rühren 3 Minuten mitbraten. Mit dem Wein und der Hälfte der Brühe ablöschen. 2 EL Flüssigkeit abnehmen, die Safranfäden darin anrühren und zum Reis geben. Nach 10 Minuten mit Salz und Pfeffer würzen, die restliche Brühe angießen und weitere 10 Minuten köcheln. Vor dem Servieren den geriebenen Parmesan unterrühren.

• Der italienische Klassiker wird gerne als Vorspeise gereicht, die Reismenge ist entsprechend knapper bemessen.

Mangoldrisotto

1 Zwiebel
1 EL Butter
250 g Rundkornreis (natur)
600 ml Gemüsebrühe
Meersalz
frisch gemahlener schwarzer Pfeffer
300 g Blattmangold
50 g frisch geriebener Parmesan
eventuell 1 EL Butter

Die geschälte und fein gehackte Zwiebel in der ausgelassenen Butter anschwitzen. Den Reis waschen, gut abtropfen lassen, kurz mitbraten und mit der Hälfte der Gemüsebrühe ablöschen. Mit Salz und Pfeffer würzen und köcheln lassen. Den Rest der Brühe nach Bedarf zugießen, so daß der Reis immer in etwas Flüssigkeit schwimmt. Etwa 40 Minuten köcheln lassen.

Den Mangold waschen, in etwa 1 cm breite Streifen schneiden und kurz blanchieren, bis er etwas zusammenfällt. Unter den fast garen Reis heben und 8 – 10 Minuten köcheln lassen. Den geriebenen Käse und eventuell noch 1 EL Butter unterrühren und sofort servieren.

Kürbisrisotto

2 Schalotten
1 EL Butter
200 g Rundkornreis (natur)
125 ml trockener Weißwein
500 ml Gemüsebrühe
2 Lorbeerblätter
500 g Kürbis (z. B. Hokkaido)
Meersalz
frisch gemahlener weißer Pfeffer
Muskat
50 g frisch geriebener Parmesan
2 EL gehackte Petersilie

Die geschälten und fein gehackten Schalotten in der ausgelassenen Butter anschwitzen. Den Reis waschen, gut abtropfen lassen und kurz mitbraten. Mit dem Wein und der Hälfte der Brühe ablöschen, die Lorbeerblätter zugeben und 30 Minuten leise köcheln lassen.

Unterdessen den Kürbis schälen, entkernen und in Würfel schneiden. Unter den Reis mischen, mit Salz und Pfeffer würzen, die restliche Brühe angießen und weitere 20 Minuten köcheln lassen. Kurz vor dem Servieren das Lorbeerblatt entfernen und das Risotto mit Muskat abschmecken. Den geriebenen Käse unterrühren und das Risotto mit der Petersilie garnieren.

• Mit 1 – 2 EL Schmand wird das Risotto noch cremiger.

Rosenkohlrisotto mit Gorgonzola

1 Zwiebel
1 EL Butter
200 g Rundkornreis (natur)
600 ml Gemüsebrühe
500 g Rosenkohl ~~Zucchini,~~
125 ml Gemüsebrühe für den Rosenkohl
Meersalz
frisch gemahlener weißer Pfeffer
50 ml süße Sahne
125 g Gorgonzola
2 EL Sesamsaat

Die geschälte und fein gehackte Zwiebel in der ausgelassenen Butter anschwitzen. Den Reis waschen, gut abtropfen lassen, kurz mitbraten und mit der Hälfte der Gemüsebrühe ablöschen. Sobald die Flüssigkeit fast verdampft ist, nach und nach den Rest der Brühe angießen und insgesamt 45 Minuten garen.
Den Rosenkohl putzen, eventuell halbieren und mit 125 ml Brühe bei kleiner Hitze 20 Minuten dünsten. Den gegarten Rosenkohl zu dem Reis geben. Mit Salz und Pfeffer abschmecken, die Sahne einrühren, den Gorgonzola über dem Risotto verteilen und nochmals 2 – 3 Minuten köcheln lassen.
Die Sesamsaat in einer Pfanne ohne Fett kurz rösten und über das Risotto streuen.

Herbstrisotto mit Weintrauben

2 EL Butter
200 g Rundkornreis (natur)
500 ml Gemüsebrühe
75 g kleine weiße Champignons
125 g weiße Trauben
125 g blaue Trauben
Meersalz
frisch gemahlener weißer Pfeffer
2 EL Sonnenblumenkerne

1 EL Butter auslassen und den Reis 2 – 3 Minuten darin braten. Die Hälfte der Gemüsebrühe angießen und zugedeckt köcheln lassen. Nach Bedarf die restliche Brühe zugießen, so daß der Reis immer etwas Flüssigkeit hat. Insgesamt etwa 45 Minuten köcheln lassen.

Die Champignons putzen und in Scheiben schneiden. Die Weintrauben waschen, halbieren und entkernen. Die restliche Butter auslassen und die Champignons 3 – 4 Minuten darin braten. Die Pilze unter den Reis heben, mit Salz und Pfeffer abschmecken. Die Weintrauben zugeben und alles noch einmal so lange erhitzen, bis die Weintrauben warm sind.

Die Sonnenblumenkerne in einer Pfanne ohne Fett kurz rösten und über das Risotto geben.

• Wenn Sie sich das Entkernen der Trauben ersparen wollen, nehmen Sie kernlose Weintrauben *(Thompson seedless)* – die gibt's allerdings nur in weiß.

Tomatenrisotto

1 Zwiebel
2 Knoblauchzehen
2 EL Olivenöl
200 g Rundkornreis (natur)
2 Lorbeerblätter
600 ml Gemüsebrühe
6 Strauchtomaten (etwa 800 g)
1 Zucchini (etwa 300 g)
Meersalz
frisch gemahlener weißer Pfeffer
1 TL Oregano oder Basilikum
75 g Parmesan

Die Zwiebel schälen und fein würfeln, die Knoblauchzehen abziehen, fein hacken und beides in Öl anbraten. Den Reis kurz mitbraten. Die Lorbeerblätter zugeben und den Topf mit der Hälfte der Gemüsebrühe auffüllen. Den Rest der Brühe nach Bedarf zugießen und 40 Minuten köcheln lassen.

Die Tomaten in kochendem Wasser kurz blanchieren, kalt abschrecken, die Haut abziehen und das Fruchtfleisch achteln. Die Zucchini waschen und grob würfeln. Beides zum Reis geben, würzen und weitere 10 Minuten köcheln. Vor dem Servieren das Lorbeerblatt entfernen und den geriebenen Parmesan unterrühren.

Gratiniertes Gemüseallerlei

200 g Rundkornreis (natur)
500 ml Gemüsebrühe
500 g Erbsenschoten
    (ergibt etwa 150 – 200 g Erbsen ohne Schoten)
Kochwasser für die Erbsen
Meersalz
2 Möhren (etwa 150 g)
1 Kohlrabi
2 EL Butter
3 – 4 EL Wasser
frisch gemahlener Pfeffer
2 EL Paniermehl
75 g Parmesan
½ Bund Rucola

Den Reis waschen und in der Gemüsebrühe 45 Minuten bei kleiner Hitze garen.

Die Erbsen aus den Schoten lösen und in kochendem Salzwasser 6 – 8 Minuten vorkochen. Möhren und Kohlrabi putzen, würfeln und in der Hälfte der Butter anschwitzen. Mit etwas Wasser ablöschen und 8 Minuten dünsten, bis das Wasser verdampft ist. Das Gemüse unter den gekochten Reis mischen, mit Salz und Pfeffer würzen und in eine eingefettete Auflaufform geben. Das Paniermehl und den geriebenen Parmesan darüber streuen und Butterflöckchen aufsetzen. Im vorgeheizten Backofen 10 Minuten gratinieren. Vor dem Servieren mit dem gewaschenen und in dünne Streifen geschnittenen Rucola garnieren.

Pilaw mit roten Linsen

1 Lauchstange (etwa 250 g)
1 EL Butter
1 TL Curry
200 g Langkornreis (natur)
500 ml Kochwasser
Meersalz
1 Stück Ingwerwurzel (2 cm)
1 EL Butterschmalz
½ TL Paprika edelsüß
½ TL gemahlener Koriander
½ TL Kurkuma
100 g rote Splitterlinsen
300 ml Gemüsebrühe
100 g süße Sahne (nach Belieben)
frisches Koriandergrün

Für das Pilaw den Lauch gut waschen und in etwa 1 cm dicke Ringe schneiden. In dem ausgelassenen Fett Curry anschwitzen und den Reis kurz mitbraten. Das Wasser angießen, salzen und den Lauch mit dem Reis 35 Minuten köcheln lassen.

Die Ingwerwurzel schälen und fein reiben. In einem zweiten Topf die Butter auslassen und die Gewürze darin anschwitzen. Die Linsen zugeben, mit Gemüsebrühe auffüllen und etwa 15 Minuten köcheln. Die Sahne einrühren, salzen und die Linsen mit einigen Blättchen Koriandergrün garnieren. Zusammen mit dem Pilaw servieren.

Dal und Currys

Curry ist nicht gleich Curry

Curry steht bei uns für eine Gewürzmischung, bestehend aus Kurkuma, Koriander, Kreuzkümmel, Chilipulver und anderen orientalischen Ingredienzien. In Südasien wird damit ein ganzes Gericht bezeichnet, das zwar immer großzügig gewürzt ist, doch nicht unbedingt mit dem, was im Westen als Currymischung bekannt ist. Es handelt sich vielmehr um ein Ragout aus Gemüse, Fisch oder ein wenig Fleisch. Dazu werden »side dishes« gereicht, also kleine Beilagen wie Chutneys, Saucen, Fladenbrote oder Joghurt. Currys (und ebenso Dal) werden nie mit Reis gemacht; sie werden aber praktisch immer zusammen mit »plain rice« serviert, bevorzugt mit Langkorn- oder Basmatireis. Um den blumigen Geschmack des Currys möglichst wenig zu beeinträchtigen, kommt der Reis ungewürzt oder lediglich leicht gesalzen auf den Tisch.

Okraschoten in Kokosmilch

200 g Jasminreis (natur)
500 ml Kochwasser
1 Prise Meersalz

Für das Curry:

400 g Okraschoten
400 g Strauchtomaten
3 Schalotten
2 EL Sesamöl
1 TL Kurkuma
1 TL gemahlener Koriander
1 Msp Cayennepfeffer
Meersalz
1 Stück Galgant (1 – 2 cm)
200 ml Kokosextrakt
350 ml Wasser

Den Jasminreis nach dem Grundrezept (Seite 39) kochen.

Die Okraschoten waschen, Stielansätze abschneiden und die Schoten in 2 cm lange Stücke schneiden. Die Tomaten waschen und grob würfeln.

Die geschälten und gehackten Schalotten in heißem Öl in einer großen Pfanne glasig dünsten. Gewürze und geschälten und fein geschnittenen Galgant zugeben und kurz mitdünsten. Das Gemüse und den Kokosextrakt zugeben, mit Wasser ablöschen und zugedeckt auf kleiner Hitze 30 Minuten garen. Zusammen mit dem Reis servieren.

Steckrübencurry mit Minzjoghurt

200 g Langkornreis (natur)
500 ml Kochwasser
1 Prise Meersalz

Für den Minzjoghurt:
1 Bund frische Minze
250 ml Joghurt
½ TL Koriander
frisch gemahlener Pfeffer
Meersalz

Für das Curry:
400 g Steckrüben
2 Möhren (je etwa 60 g)
150 g Lauch
2 Schalotten
2 EL Sesamöl
1 TL Kurkuma
1 Msp Chilipulver
Muskat
Meersalz
150 g rote Splitterlinsen
500 ml Gemüsebrühe
1 Bund Schnittlauch
1 TL Garam Masala

Für den Minzjoghurt die Minze waschen, fein hacken, in den Joghurt rühren und mit den Gewürzen abschmecken. Eine Stunde kühl stellen.

Den Reis waschen, in Wasser mit einer Prise Salz aufkochen und 40 Minuten bei kleiner Hitze garen.

Währenddessen die Steckrübe schälen und in kleine Würfel schneiden. Die Möhren putzen und ebenfalls würfeln, den Lauch waschen und in Ringe schneiden.

Die Schalotten schälen und fein hacken und in einer großen Pfanne in heißem Sesamöl glasig dünsten. Die Gewürze einrühren und kurz mitbraten.

Das Gemüse mit den Linsen in die Pfanne geben. Mit Gemüsebrühe ablöschen und 30 Minuten köcheln lassen. Schnittlauch waschen und in Röllchen schneiden. Das Curry vor dem Anrichten mit Schnittlauchröllchen garnieren und mit Garam Masala bestreuen.

Mit Reis und Minzjoghurt servieren.

- Die Steckrübe ist ein fast vergessenes Gemüse und zu Unrecht als »Arme-Leute-Essen« aus der Mode gekommen. Richtig zubereitet schmeckt sie lecker und ist dazu ausgesprochen preiswert.

Kürbiscurry

200 g Basmatireis (natur)
450 ml Kochwasser
Meersalz

Für das Curry:
800 g Kürbis (Potimarron oder Hokkaido)
1 Zwiebel
1 EL Butterschmalz
1 TL Kurkuma
1 Msp Chilipulver
½ grüne Paprikaschote
300 ml Gemüsebrühe
Meersalz
frische Petersilie
125 ml süße Sahne
1 TL Garam Masala

Den Basmatireis nach dem Grundrezept (Seite 38) kochen.
Den Kürbis schälen, entkernen und grob würfeln. Die geschälte
und fein gehackte Zwiebel in dem Butterschmalz glasig dünsten.
Gewürze dazugeben und kurz mitbraten. Die halbe Paprikaschote
entkernen, die Schote waschen und klein würfeln. Zusammen
mit dem Kürbis zu den Zwiebeln geben. Mit Gemüsebrühe ablöschen, salzen und zugedeckt 10 – 12 Minuten köcheln lassen.
Petersilie waschen und hacken. Die Sahne unter das Gemüse
rühren und vor dem Servieren mit Garam Masala und der gehackten Petersilie bestreuen. Zusammen mit dem Reis servieren.

Ananascurry

250 g Jasminreis (weiß)
600 ml Kochwasser
1 Prise Meersalz

Für das Curry:
1 Baby-Ananas (300 – 400 g)
250 g Tomaten
300 g Tofu
2 EL Sesamöl
1 TL Kurkuma
1 TL Koriander
1 TL Kreuzkümmel
½ TL Kardamom
Meersalz
1 Stengel Zitronengras
150 ml Kokosextrakt
150 ml Gemüsebrühe
3 Limettenblätter
100 g Zuckerschoten

Den Reis waschen, in Wasser mit einer Prise Salz aufkochen und in 15 Minuten bei kleiner Hitze garen.

Von der Ananas den Strunk abdrehen, die Frucht schälen und würfeln. Tomaten waschen und ebenfalls in Würfel schneiden.

Den Tofu würfeln und in Öl von allen Seiten goldbraun braten. Die Gewürze zugeben und kurz mitbraten. Beide Enden vom Zitronengras abschneiden, die äußeren Blätter abnehmen, das Mark fein hacken und zu dem Tofu geben. Den Tofu mit Kokosextrakt und Gemüsebrühe ablöschen. Ananas, Tomaten und Limettenblätter zugeben und zugedeckt 5 Minuten leise köcheln. Die gewaschenen Zuckerschoten zugeben und nochmals 3 Minuten garen.

Das Curry mit dem Reis servieren.

Wie scharf darf's denn sein?

Auf Gemüsecurrys und Dal mit Hülsenfrüchten verstehen sich die Inder und Thais meisterhaft. Eine jahrtausendealte vegetarische Tradition kombiniert mit einer ausgefeilten Würzkunst brachte eine breite Palette schmackhafter Gerichte hervor. Currys und Dal kommen in Asien höllisch scharf auf den Tisch. Kein Vergleich mit dem indischen oder thailändischen Restaurant um die Ecke, das sich beim Würzen bereits an den westlichen Gaumen angepaßt hat. Bei meinem ersten Restaurantbesuch in Bombay hatte ich sämtliche Vorsichtsmaßnahmen außer acht gelassen. Die Schärfe trieb mir nicht nur Tränen in die Augen, die Speiseröhre schien zu brennen, und als Krönung stellte sich ein nicht endenwollender Schluckauf ein, der es mir schwer machte, beim amüsiert dreinblickenden Kellner Löschwasser zu ordern.

Ein Curry muß nicht brennend scharf sein. Bei der Zubereitung der folgenden Rezepte haben Sie es selbst in der Hand, wie scharf das Gericht sein soll. Gehen Sie mit Chili und Cayennepfeffer sparsam um. Mit Kokosmilch, Zitronengras und Koriander mild gewürzte Gerichte bringen dennoch einen Hauch von Exotik in die Küche.

Bohnencurry mit Pak-Choi

200 g Kidneybohnen
Einweich- und Kochwasser für die Bohnen
1 Zwiebel
1 Stück Ingwerwurzel (etwa 2 cm)
250 g Pak-Choi
einige EL Wasser für den Pak-Choi
2 EL Sesamöl
1 Msp Cayennepfeffer
1 TL gemahlener Koriander
1 EL Sojasauce
Saft einer halben Limette
250 g gekochter Jasminreis (natur) vom Vortag

Die roten Bohnen über Nacht einweichen und tags darauf in der dreifachen Menge Wasser bei kleiner Hitze etwa eine Stunde kochen.

Die Zwiebel schälen und fein hacken, den Ingwer schälen und reiben. Den Pak-Choi waschen und in 1½ cm breite Stücke schneiden.

Das Öl in einer Pfanne erhitzen und Zwiebeln und Ingwer anbraten. Die Gewürze kurz mitbraten. Den Pak-Choi zusammen mit einigen EL Wasser zugeben und 6 – 8 Minuten dünsten. Mit Sojasauce abschmecken. Die Bohnen und den gekochten Reis unterheben und 3 Minuten köcheln, bis alles heiß ist. Den Limettensaft über das Curry träufeln und servieren.

Mungbohnen-Dal

200 g Basmatireis (natur)
450 ml Kochwasser
Meersalz

Für den Dal:

1 große Zwiebel
1 Stück Ingwerwurzel (2 – 3 cm)
1 EL Butterschmalz
2 TL Curry
200 g Mungbohnen
1 Lorbeerblatt
600 ml Wasser
Meersalz
200 g Tomaten
1 TL Garam Masala

Den Basmatireis nach dem Grundrezept (Seite 38) kochen.
Die Zwiebel schälen und fein würfeln, den Ingwer schälen und
reiben. In einem Topf das Butterschmalz auslassen und die Zwiebel und den Ingwer darin bräunen. Curry zugeben und kurz mitbraten. Mungbohnen und Lorbeerblatt zufügen, mit Wasser ablöschen und 40 Minuten leise köcheln lassen. Anschließend
salzen, die gewaschenen und klein gewürfelten Tomaten zugeben und weitere 5 Minuten garen. Das Lorbeerblatt entfernen,
den Dal mit Garam Masala bestreuen und zusammen mit Reis
servieren.

Rote-Linsen-Dal

200 g Basmatireis (natur)
450 ml Kochwasser
Meersalz

Für den Dal:

100 ml rote Splitterlinsen
1 Lorbeerblatt
350 ml Wasser
1 Stück frische Ingwerwurzel (2 – 3 cm)
1½ TL Kurkuma
1 TL gemahlener Koriander
1 Msp Cayennepfeffer
Meersalz
1 große Zwiebel
2 EL Butter
1 Stengel frisches Koriandergrün

Den Basmatireis nach dem Grundrezept (Seite 38) kochen.

Die Linsen mit dem Lorbeerblatt in Wasser aufkochen. Den Ingwer schälen, fein reiben, zusammen mit den Gewürzen den Linsen zugeben und 15 Minuten leise köcheln lassen.

Die Zwiebel schälen und in feine Ringe schneiden. Die Butter in einer Pfanne erhitzen und die Zwiebel darin bräunen. Den Koriander waschen und die Blättchen abzupfen.

Das Lorbeerblatt entfernen, Dal portionsweise mit Reis servieren und mit den Zwiebeln und dem Koriandergrün garnieren.

Channa Dal

200 g Basmatireis (natur)
450 ml Kochwasser
Meersalz

Für den Dal:
1 Zwiebel
1 Stück frische Ingwerwurzel (2 – 3 cm)
1 EL Butterschmalz
1 TL Kurkuma
1 TL Kreuzkümmel
4 Gewürznelken
1 Msp Cayennepfeffer
1 rote Paprikaschote
250 g Channa Dal
800 ml Wasser
Meersalz
1 Stengel Staudensellerie
2 Stengel frisches Koriandergrün

Den Basmatireis nach dem Grundrezept (Seite 38) kochen.
Die Zwiebel schälen und fein hacken, den Ingwer schälen und
reiben und beides in dem ausgelassenen Butterschmalz bräunen.
Die Gewürze zugeben und kurz mitbraten. Paprika halbieren,
entkernen, waschen und in feine Würfel schneiden. Zusammen
mit dem Dal zu den Zwiebeln geben. Mit Wasser ablöschen und
50 Minuten köcheln lassen.
Kurz vor Ende der Kochzeit mit Salz abschmecken. Sellerie und
Koriander waschen. Den fein geschnittenen Staudensellerie und
die abgezupften Korianderblättchen unterheben und weitere
5 Minuten köcheln lassen.
Mit dem Reis zusammen servieren.

Gefülltes Gemüse,
Frühlingsrollen und Sushi

Gefüllte Auberginen

100 g roter Reis
250 ml Kochwasser
Meersalz
2 mittelgroße Auberginen (je etwa 350 g)
1 Zwiebel
2 Knoblauchzehen
1 EL Olivenöl
300 g Tomaten
1 Zweig frischer Rosmarin
1 Zweig frischer Oregano
frisch gemahlener schwarzer Pfeffer
2 EL Pinienkerne
100 g Schafsfeta
frisches Basilikum

Den Reis waschen, in Salzwasser aufkochen und 45 Minuten bei kleiner Hitze garen.

Die Auberginen vom Stielansatz befreien, der Länge nach halbieren und im Backofen 10 Minuten vorgaren.

Unterdessen die Zwiebel schälen und fein würfeln, den Knoblauch abziehen und fein hacken und beides in Öl 3 Minuten braten. Die gewaschenen und klein gewürfelten Tomaten zugeben und 3 Minuten dünsten.

Die vorgegarten Auberginen mit einem Löffel aushöhlen und dabei einen etwa 1 cm dicken Rand lassen. Das Fruchtfleisch grob hacken, mit Reis, Zwiebel und Tomaten mischen und mit Kräutern, Pfeffer und Salz würzen. Die in einer Pfanne kurz gerösteten Pinienkerne und den zerbröckelten Feta unterheben.

Diese Mischung in die Auberginen füllen und im vorgeheizten Backofen 20 Minuten backen. Mit frischem Basilikum garniert servieren.

Zucchinischiffchen

60 g Langkornreis (natur)
150 ml Kochwasser
Meersalz
4 kleine Zucchini (je etwa 300 g)
1 Frühlingszwiebel mit Grün
2 Tomaten
frisch gemahlener schwarzer Pfeffer
2 EL gehackte Petersilie
½ TL getrockneter Oregano
100 ml Gemüsebrühe
Fett für die Kasserolle
100 g Schafsfeta
Olivenöl

Den Reis waschen, in Wasser aufkochen und 40 Minuten bei kleiner Hitze garen. Die Zucchini waschen, halbieren, mit einem Löffel das Fruchtfleisch herausnehmen und würfeln. Die Frühlingszwiebel schälen und fein hacken, das Zwiebelgrün waschen und in feine Ringe schneiden. Die Tomaten waschen und würfeln.

Zucchiniwürfel, Zwiebel und Tomaten unter den gekochten Reis mischen, würzen und die Kräuter unterheben. Die ausgehöhlten Zucchini gut füllen und in eine eingefettete Kasserolle setzen. Gemüsebrühe angießen. Im vorgeheizten Backofen 30 Minuten bei mittlerer Hitze garen. Nach der Hälfte der Garzeit den zerbröckelten Feta auf die Schiffchen geben und mit Olivenöl beträufeln.

Gefüllte Weinblätter

1 Zwiebel
4 EL Olivenöl
100 g Langkornreis (natur)
250 ml heiße Gemüsebrühe
Meersalz
2 EL Pinienkerne
2 EL Korinthen
1 EL gehackte frische Minze
1 EL gehackter Dill
frisch gemahlener schwarzer Pfeffer
25 – 30 Weinblätter
Olivenöl für die Pfanne
etwa 60 ml Gemüsebrühe
1 EL Zitronensaft

Die geschälte und fein gehackte Zwiebel in Öl anschwitzen. Den Reis waschen, gut abtropfen lassen, kurz mitbraten und die heiße Brühe angießen. Salzen und auf kleiner Hitze 40 Minuten köcheln.

In einer zweiten Pfanne die Pinienkerne ohne Fett 2 Minuten bräunen und anschließend hacken. Mit den Korinthen und den gewaschenen und gehackten Kräutern unter den gekochten Reis mischen und mit Pfeffer abschmecken.

Die Weinblätter unter fließendem Wasser gut abspülen, abtropfen lassen und auf einer Arbeitsfläche flach ausbreiten. Von der Reismischung jeweils ½ EL abnehmen und in die Blattmitte geben. Das Blatt an den Seiten einschlagen, vom Stiel her nach vorne aufrollen und an den Seiten eindrücken.

Die gefüllten Weinblätter dicht nebeneinander in eine große Pfanne mit etwas Olivenöl schichten. Eine halbe Tasse Gemüsebrühe angießen und die Röllchen mit Zitronensaft beträufeln. Bei kleinster Hitze 25 Minuten ziehen lassen.

- Von Griechenland bis nach Afghanistan sind gefüllte Weinblätter eine beliebte Spezialität. Sie werden auf einem Vorspeisenteller mit Oliven, Tsatsiki, Auberginenpüree und anderen Kleinigkeiten serviert und lauwarm oder kalt gegessen.

Gefüllte Tomaten mit Wildreis

60 g Wildreis
60 g Langkornreis (natur)
150 ml Kochwasser
Meersalz
2 EL Korinthen
etwa 60 ml Wasser zum Einweichen
8 feste große Fleischtomaten
1 Zwiebel
2 Knoblauchzehen (nach Belieben)
Olivenöl
½ Bund frisches Basilikum
2 EL Pinienkerne
1 Ei
frisch gemahlener Pfeffer
150 g Mozzarella

Den Wildreis nach dem Grundrezept (Seite 37) garen. Den Langkornreis waschen, mit Wasser und einer Prise Salz aufsetzen und 40 Minuten bei kleiner Hitze garen.

Die Korinthen in einer halben Tasse Wasser 30 Minuten einweichen. Von den gewaschenen Tomaten einen Deckel abschneiden und mit einem Löffel das Fruchtfleisch herausnehmen. Die Tomaten innen leicht salzen. Die Zwiebel schälen und würfeln, die Knoblauchzehen abziehen und fein hacken, beides in 1 EL heißem Olivenöl anbraten. Basilikum waschen, die Blätter von den Stengeln zupfen und fein hacken.

Die beiden Reissorten mit Zwiebeln, Korinthen, Pinienkernen, dem Ei und der Hälfte vom Tomatenfruchtfleisch mischen und würzen. Die Tomaten damit füllen und in eine eingeölte Form geben. Zwei dünne Scheiben Mozzarella auf jede Tomate legen, den Deckel aufsetzen und mit Olivenöl beträufeln. Das restliche Fruchtfleisch um die Tomaten geben. Im vorgeheizten Backofen bei mittlerer Temperatur 15 Minuten garen.

Gefüllte Paprikaschoten

100 g Langkornreis (natur)
250 g Kochwasser
Meersalz
4 Eier
1 Zwiebel
1 EL Olivenöl
1 EL Haselnußkerne
4 große Paprikaschoten
2 EL gehackte Petersilie
frisch gemahlener Pfeffer
Olivenöl für die Form

Den Reis waschen, in gesalzenem Wasser aufsetzen und 40 Minuten bei kleiner Hitze garen.

Die Eier hart kochen, pellen und in kleine Würfel schneiden. Die Zwiebel schälen, ebenfalls fein würfeln und in Olivenöl glasig dünsten. Die Haselnüsse fein hacken.

Von den Paprikaschoten einen Deckel abschneiden, das Kerngehäuse herausnehmen und die Schoten innen und außen waschen. Eier, Zwiebeln, Nüsse, Petersilie und Reis gut mischen, würzen, in die Schoten füllen und den Deckel aufsetzen. Eine feuerfeste Form mit Olivenöl einfetten und darin die Paprikaschoten im vorgeheizten Backofen bei 160° C etwa 45 Minuten garen.

Gefüllte Zwiebeln

60 g süßer Naturreis (Mochi-Reis)
150 ml Kochwasser für den Reis
Meersalz
4 große Gemüsezwiebeln
Kochwasser für die Zwiebeln
2 Wirsingblätter
2 EL Olivenöl
50 g Haselnußkerne
1 TL Shiro Miso
1 TL Dijon-Senf
Muskat
1 Msp Cayennepfeffer
1 Ei
125 g Mozzarella
Olivenöl zum Beträufeln

Den Reis waschen und in Salzwasser 50 Minuten bei kleiner Hitze garen.

Die Zwiebeln schälen und in sprudelndem Wasser 12 – 15 Minuten kochen. Für die letzten 3 Minuten die beiden gewaschenen Wirsingblätter zugeben. Dann das Gemüse kalt abschrecken. Von den Zwiebeln einen Deckel abschneiden und die Zwiebeln vorsichtig aushöhlen. Das herausgenommene Zwiebelfleisch fein hacken. Die Wirsingblätter in feine Streifen schneiden und mit dem Zwiebelfleisch in Öl anbraten.

Die Haselnüsse fein hacken und in einer Pfanne ohne Fett 2 – 3 Minuten rösten.

Reis, Gemüse, Haselnüsse, Senf und Gewürze (das Miso mit 1 EL Wasser anrühren) mit dem Ei zu einer Masse kneten und in die Zwiebeln füllen. Die Zwiebeln in eine gefettete Form setzen, mit Mozzarella-Scheiben belegen und den Deckel aufsetzen. Mit Olivenöl beträufeln und im vorgeheizten Backofen bei mittlerer Hitze 20 Minuten garen.

Frühlingsrollen

8 tiefgefrorene Teigblätter (21,5 x 21,5 cm; siehe unten)
100 g Vermicelli
Kochwasser für die Vermicelli
250 g Weißkohl
250 g Möhren
100 g Mungbohnensprossen
Meersalz
frisch gemahlener schwarzer Pfeffer
1 Ei
750 ml Öl oder Kokosfett zum Fritieren
Sojasauce als Dip

Die Teigblätter 3 – 4 Stunden auftauen lassen. Die Vermicelli in kochendem Wasser 6 Minuten garen, abgießen und abschrekken. Den Weißkohl und die Möhren putzen beziehungsweise waschen und fein raspeln. Das Gemüse in einer Schüssel mit den Sprossen und den abgetropften Nudeln mischen und mit Salz und Pfeffer abschmecken.

Jeweils 2 – 3 EL der Füllung in die Mitte eines Teigblatts geben. Das Blatt von beiden Seiten über der Füllung einschlagen und von unten aufrollen. Das Ei in einem Schälchen mit der Gabel verquirlen und den Rand der Rollen mit Ei bepinseln. Das Öl in der Friteuse erhitzen und die Rollen portionsweise 4 Minuten kross fritieren. Zum Entfetten auf Küchenkrepp auslegen.

Je 2 – 3 EL Sojasauce in kleine Schälchen füllen und als Dip dazu servieren. Die Frühlingsrollen in die Sojasauce stippen und aus der Hand essen.

- Die tiefgefrorenen Teigblätter *(Spring Roll Pastry)* sind in Pakkungen mit 40 Blatt in asiatischen Lebensmittelläden erhältlich. Nach dem Auftauen die gewünschte Stückzahl herausnehmen und den Rest sofort wieder einfrieren.

Vietnamesische Glücksrollen

200 g Tofu
2 Frühlingszwiebeln mit Grün
150 g Spinat
40 g Vermicelli
Kochwasser für die Vermicelli
16 Reispapierblätter (Durchmesser 16 cm)
2 EL Sesamöl
50 g Mungbohnensprossen
2 EL helle Sojasauce
1 Msp Cayennepfeffer
1 Prise Meersalz
1 Stengel Koriandergrün (ersatzweise glatte Petersilie)

Für den Dip:
4 EL Hoisin-Sauce
1 EL Sesamsaat

Tofu in kleine Würfel schneiden. Die Frühlingszwiebeln schälen und fein hacken, das Zwiebelgrün waschen und in dünne Ringe schneiden. Spinat putzen, waschen und grob hacken.
Vermicelli in kochendes Wasser geben und 6 Minuten köcheln lassen. Anschließend abgießen und abschrecken. Den Spinat 3 Minuten blanchieren.
Die Reispapierblätter auf feuchten Küchentüchern ausbreiten, mit feuchten Tüchern abdecken und etwa 10 Minuten einweichen, bis sie genug Feuchtigkeit aufgenommen haben und geschmeidig werden.

Unterdessen das Öl in einer Pfanne erhitzen und die Tofuwürfel goldbraun braten. Die Frühlingszwiebeln zugeben und glasig dünsten. Zwiebelgrün, Spinat, Sprossen und Vermicelli unterheben. Mit Sojasauce, Gewürzen und dem gewaschenen und gehackten Koriandergrün beziehungsweise der Petersilie abschmecken und weitere 2 bis 3 Minuten erhitzen. Abkühlen lassen.

Jeweils 1½ EL der Füllung streifenförmig auf dem unteren Drittel eines Reisblattes verteilen. Das Blatt zunächst von beiden Seiten einschlagen und dann vorsichtig aufrollen. Fertig!

- Vietnamesische Glücksrollen werden kalt verzehrt. Reichen Sie dazu kleine Schälchen mit Hoisin-Sauce, die mit gerösteter Sesamsaat garniert wird. Die Rollen werden in die Sauce gestippt und aus der Hand gegessen.

Wirsingrouladen mit Shiitake-Tofu-Füllung

1 großer Wirsingkohl
Kochwasser für den Kohl
Meersalz
1 große Zwiebel
2 EL Sesamöl
60 g Tofu
6 – 8 frische Shiitake-Pilze (etwa 100 g)
1 kleines Stück Lauch (etwa 50 g)
1 EL Sojasauce
frisch gemahlener schwarzer Pfeffer
½ TL Paprika edelsüß
150 g gekochter Rundkornreis (natur)
Petersilie
1 Ei
50 g Parmesan
Öl zum Braten
100 ml Gemüsebrühe

Von dem Wirsing vorsichtig die äußeren acht Blätter lösen, waschen und in einem großen Topf mit kochendem Salzwasser 5 Minuten vorgaren. Die Zwiebel schälen und fein hacken und in einer Pfanne in Öl andünsten. Den klein gewürfelten Tofu zugeben und von allen Seiten bräunen. Pilze putzen und Lauch waschen. Die Pilze in Streifen, den Lauch in Ringe schneiden und in die Pfanne geben. Mit Sojasauce und Gewürzen abschmekken und weitere 2 Minuten dünsten.

Die Pfanne vom Herd nehmen und den vorgekochten Reis, die gewaschene und gehackte Petersilie und das verquirlte Ei untermischen. Zum Schluß den geriebenen Parmesan darüber streuen.

Die dicke Mittelrippe der abgetropften Wirsingblätter glatt schneiden, so daß sie nicht mehr hervorsteht. 2 – 3 EL der Füllung in die Mitte eines Blattes geben. Das Blatt von beiden Seiten einschlagen und von unten her aufrollen. Das Öl in einer großen Pfanne erhitzen, die Rouladen direkt nebeneinander schichten und 3 Minuten anbraten. Mit Gemüsebrühe ablöschen und auf kleiner Hitze zugedeckt 25 Minuten köcheln lassen.

Vegetarische Sushirollen

300 g Rundkornreis (natur)
600 ml Kochwasser für den Reis
¼ TL Meersalz
1 Möhre (etwa 60 g)
Kochwasser für die Möhre
½ Salatgurke
4 Stengel Frühlingszwiebelgrün (etwa 20 cm lang)
4 Noriblätter
Dijon-Senf, Basilikumpaste oder Ume-Paste
frische Petersilie zum Garnieren

Für den Dip:
1 EL frisch geriebene Ingwerwurzel oder 1 TL Wasabi
eventuell 2 – 3 EL Wasser
100 ml Sojasauce (Shoyu)
eventuell 3 EL Mirin

Den Reis waschen, in Salzwasser aufkochen und 45 Minuten bei kleiner Hitze garen. Die geputzte Möhre der Länge nach vierteln und in etwas Wasser 4 – 5 Minuten kochen oder dämpfen, so daß sie noch knackig bleibt. Die Gurke schälen, längs halbieren und von einer Hälfte vier je 20 cm lange Streifen schneiden. Die andere Gurkenhälfte kann zum Garnieren verwendet werden. Das Zwiebelgrün waschen.

Die Noriblätter über der offenen Gasflamme oder in einer Pfanne ohne Fett 20 – 30 Sekunden rösten, bis sie sich leicht grünlich färben. Das Algenblatt auf die Sushimatte oder auf ein trockenes und sauberes Geschirrtuch legen. Je eine Portion von dem abgekühlten Reis etwa ½ cm hoch auf das Noriblatt schichten, wobei am oberen und unteren Rand jeweils 3 cm frei bleiben. Den Reis nach Belieben mit Senf oder Basilikumpaste bestreichen, für »klassisches Sushi« mit Ume-Paste. Die sehr salzige Ume-Paste nur sehr dünn auftragen.

Nun jeweils einen Streifen Möhre, Gurke und Zwiebelgrün auf den Reis geben und die freigelassenen Ränder mit Wasser anfeuchten. Das gefüllte Noriblatt mit Hilfe der Bambusmatte beziehungsweise dem Geschirrtuch zu einer festen Rolle von 3 – 4 cm Durchmesser aufrollen und an den angefeuchteten Rändern verkleben.

Die fertigen Rollen noch 15 Minuten ziehen lassen und dann mit einem angefeuchteten scharfen Messer in etwa 3 – 4 cm dicke Stücke schneiden. Mit der Schnittfläche nach oben auf eine Platte legen und mit Petersiliensträußchen anrichten.

Für den Dip ein Stück geschälte Ingwerwurzel reiben und in einem Schälchen mit Sojasauce und Mirin vermischen. Alternativ das Wasabi-Pulver in 2 – 3 TL Wasser anrühren und unter die Sojasauce rühren. Sushirollen sind »finger food«, sie werden einfach in den Dip getunkt.

- Sushi brauchen etwas Übung. Zum Rollen ist eine in asiatischen Geschäften erhältliche kleine Sushimatte aus Bambus hilfreich. Und so wird's gemacht:

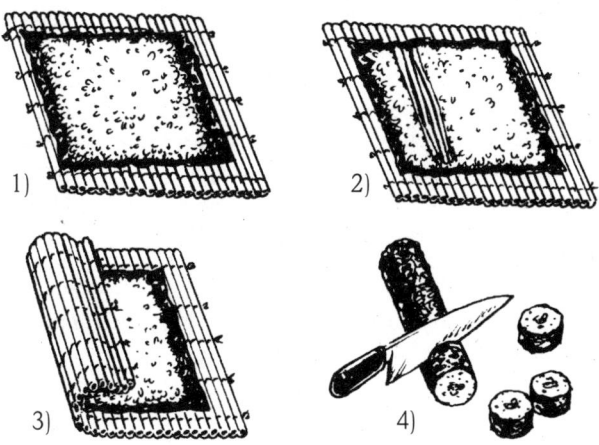

1)

2)

3)

4)

Sauerkrautsushi mit fritiertem Tofu

300 g Rundkornreis (natur)
600 ml Kochwasser
1 Prise Meersalz
200 g fester Tofu
Fett zum Fritieren
4 Noriblätter
1 TL Dijon-Senf
400 g Sauerkraut
2 EL Brunnenkresse (ersatzweise Gartenkresse)

Den Reis waschen, mit Wasser und einer Prise Salz aufsetzen, 45 Minuten bei kleiner Hitze garen und abkühlen lassen. Den Tofublock der Länge nach in etwa 1 cm dicke Stäbchen schneiden. Das Fett erhitzen und den Tofu 3 – 4 Minuten darin fritieren, bis er goldbraun ist. Abtropfen lassen und auf Küchenkrepp abkühlen lassen.

Die Noriblätter über der Gasflamme oder in einer Pfanne ohne Fett 20 – 30 Sekunden rösten, bis sie sich leicht grünlich färben. Jeweils ein Noriblatt auf die Sushimatte legen. Von dem Reis eine Portion etwa ½ cm hoch auf das Noriblatt schichten, wobei am oberen und unteren Rand jeweils 3 cm frei bleiben. Den Reis mit Senf bestreichen. Eine Portion Sauerkraut auf dem Reis verteilen und einige Blättchen gewaschene Kresse darüber geben. Die fritierten Tofustreifen in der Mitte plazieren. Die freigelassenen Ränder mit Wasser anfeuchten, dann das gefüllte Noriblatt mit Hilfe der Bambusmatte zu einer festen Rolle von 3 – 4 cm Durchmesser aufrollen und an den angefeuchteten Rändern verkleben. Die Norirollen mit einem scharfen Messer in 3 – 4 cm dicke Scheiben schneiden und auf einer Platte mit der Schnittfläche nach oben servieren.

Gemüse und Aufläufe mit Reis

Spinatreis

250 g Langkornreis (natur)
600 ml Kochwasser
Meersalz
1 kg Spinat
1 Zwiebel
2 EL Olivenöl
frisch gemahlener schwarzer Pfeffer
Saft einer halben Limette
250 g Schafsfeta
½ TL Paprika edelsüß
Fett für die Form

Den Reis waschen, in Salzwasser aufkochen und 40 Minuten bei kleiner Hitze garen. Den Spinat putzen und gut waschen. Die geschälte und gehackte Zwiebel in heißem Öl in einem großen Topf glasig dünsten. Den abgetropften Spinat zugeben und zugedeckt 4 – 5 Minuten auf kleiner Hitze dünsten, bis er zusammenfällt (eventuell zwei Töpfe nehmen).
Den gekochten Reis in eine eingefettete flache Auflaufform geben. Den Spinat unterheben, mit Pfeffer, einer Prise Salz und dem Limettensaft abschmecken. Mit dem zerbröckelten Feta bedecken und mit Paprikapulver bestreuen. Im vorgeheizten Backofen 20 Minuten überbacken.

Gratinierter Tomatenreis

200 g Rundkornreis (natur)
500 ml Kochwasser für den Reis
Meersalz
500 g Blumenkohl
Kochwasser für den Blumenkohl
500 g Tomaten
2 Stengel Staudensellerie
Pfeffer
Muskat
150 g Emmentaler
1 EL Butter
frische Petersilie
Fett für die Kasserolle

Den Reis waschen, in Salzwasser aufsetzen und 45 Minuten bei kleiner Hitze kochen. Den Blumenkohl putzen, in Röschen zerteilen und im Dämpfeinsatz 8 – 10 Minuten vorgaren. Die Tomaten waschen, eine Hälfte würfeln, die andere Hälfte in Scheiben schneiden. Den Sellerie waschen und in feine Scheibchen schneiden.
Eine Kasserolle einfetten. Reis, Blumenkohl, Tomatenwürfel und Sellerie einschichten. Mit Salz, Pfeffer und Muskat würzen. Den Auflauf mit den Tomatenscheiben bedecken. Geriebenen Käse und Butterflöckchen darüber geben und im vorgeheizten Backofen bei mittlerer Temperatur 20 Minuten überbacken. Mit gewaschener und gehackter Petersilie garnieren.

Linsenreis mit Gewürzbutter

125 g kleine braune Linsen
125 g Langkornreis (natur)
800 ml Kochwasser
Meersalz
2 Lorbeerblätter
frisches Koriandergrün
1 TL Garam Masala

Für die Gewürzbutter:

1 Zwiebel
4 EL Butter
1 TL gemahlener Kreuzkümmel
1 TL Madras-Curry
1 Msp Cayennepfeffer

Linsen und Reis waschen und zusammen in Wasser aufkochen. Salz und Lorbeerblätter zugeben und bei kleiner Hitze 50 Minuten garen, bis alles Wasser verdampft ist.
Die Zwiebel schälen und fein hacken und in der Hälfte der Butter anschwitzen. Die Gewürze einrühren und kurz braten. Die restliche Butter zugeben und auslassen. Vor dem Servieren das Lorbeerblatt entfernen und die ausgelassene Butter über den Linsenreis geben. Mit Koriandergrün garnieren und mit Garam Masala bestreuen.

Butterpfifferlinge mit Langkornreis

250 g Langkornreis (natur)
600 ml Kochwasser
Meersalz
300 g Pfifferlinge
1 Zwiebel
2 EL Butter
frisch gemahlener Pfeffer
2 EL gehackte Petersilie

Den Reis waschen, in Salzwasser aufsetzen, 40 Minuten bei kleiner Hitze garen und auskühlen lassen.
Die Pfifferlinge sorgfältig putzen, größere Pilze halbieren. Die Zwiebel schälen und fein hacken und in der ausgelassenen Butter anbraten. Die Pilze zugeben und 4 Minuten mitbraten. Den Reis unterheben, mit Salz und Pfeffer würzen und weitere 3 Minuten braten. Mit der Petersilie bestreuen.

• An Stelle von Pfifferlingen können Sie auch Champignons verwenden.

Reisauflauf mit Lauch

200 g Langkornreis (natur)
500 ml Kochwasser
Meersalz
300 g Lauch
100 g Möhren
2 EL Butter
eventuell 4 – 5 EL Gemüsebrühe
frisch gemahlener Pfeffer
150 g Emmentaler Käse
2 EL Paniermehl
Fett für die Form

Den Reis waschen, in Salzwasser aufsetzen und 40 Minuten bei kleiner Hitze garen. Unterdessen den Lauch gut waschen und in etwa ½ cm breite Scheiben schneiden. Die Möhre putzen und in streichholzlange Stifte schneiden.

Die Möhrenstifte in 1 EL ausgelassener Butter kurz anschwitzen, den Lauch zugeben und 8 Minuten dünsten. Eventuell mit 4 – 5 EL Gemüsebrühe ablöschen und mit Pfeffer würzen.

Reis und Gemüse in eine eingefettete Auflaufform schichten. Den geriebenen Käse darüber streuen und Paniermehl und Butterflöckchen aus 1 EL Butter darauf verteilen. Im vorgeheizten Backofen bei mittlerer Temperatur 15 Minuten gratinieren.

Nussig und fruchtig
Variationen mit Nüssen und Früchten

Gewürzreis mit Cashewkernen

200 g Basmatireis (natur)
Einweichwasser
100 g Möhren
100 g Zuckerschoten
2 EL Pflanzenöl
4 Gewürznelken
4 grüne Kardamomkapseln
1 TL gemahlener Koriander
1 Msp Zimt
450 ml Wasser
Meersalz
100 g Cashewkerne
1 EL Limettensaft

Den Basmatireis waschen und in Wasser 30 Minuten einweichen.

Die Möhren schälen und schräg in dünne ovale Scheiben schneiden. Die Zuckerschoten putzen.

Das Öl in einer Pfanne erhitzen und die Gewürze darin anschwitzen. Die Möhren kurz mitbraten. Den abgetropften Reis zugeben, mit dem heißen Wasser und einer Prise Salz aufkochen und auf kleiner Hitze 20 Minuten köcheln. Zuckerschoten und Cashewkerne unterheben und nochmals 8 Minuten köcheln lassen. Mit Limettensaft abschmecken. Vor dem Servieren die Nelken und Kardamomkapseln herausnehmen.

Maronenreis in Rahmsauce

150 g Calasparra-Reis
375 ml Kochwasser
Meersalz
400 g Rosenkohl
400 g Maronen (Eßkastanien)
2 EL Butter
150 ml Gemüsebrühe
150 ml süße Sahne
frisch gemahlener schwarzer Pfeffer
Muskat
1 EL Sojasauce
etwas frischer Rosmarin

Den Reis waschen und in Salzwasser 45 Minuten bei kleiner Hitze garen. Den Rosenkohl putzen, eventuell halbieren. Die Maronen mit einem Messer kreuzweise anritzen und in sprudelndem Wasser 5 Minuten kochen. Mit einem Schaumlöffel portionsweise herausnehmen und möglichst noch heiß schälen.

1 EL Butter in einer großen Pfanne auslassen und den Rosenkohl darin kurz anbraten. Mit der Gemüsebrühe ablöschen und 10 Minuten dünsten.

Die Maronen in etwa 1 cm breite Stückchen schneiden, zum Rosenkohl geben und weitere 10 Minuten dünsten. Bei Bedarf noch etwas Gemüsebrühe nachgießen.

Sobald fast alle Flüssigkeit verdampft ist, den Reis unterheben und die Sahne angießen. Würzen und nochmals kurz aufwallen lassen.

Die abgezupften Rosmarinnadeln (etwa 1 EL) in 1 EL Butter kurz anbraten und über den Maronenreis geben.

Indischer Rosinenreis

2 EL Rosinen
etwa 60 ml Wasser zum Einweichen
1 Stück frische Ingwerwurzel (etwa 2 cm)
1 TL Kurkuma
1 EL Pflanzenöl
200 g Langkornreis (natur)
500 ml Kochwasser
Meersalz
2 EL Mandelsplitter
1 EL Butter

Die Rosinen in einer halben Tasse Wasser eine Stunde einweichen. Den Ingwer schälen, reiben und mit dem Kurkumapulver in heißem Öl anschwitzen. Den Reis zugeben und kurz mitbraten. Das Wasser angießen und mit einer Prise Salz 40 Minuten bei kleiner Hitze garen.
Die Mandelsplitter in einer Pfanne ohne Fett kurz rösten. Das Einweichwasser von den Rosinen abgießen. Mandeln, Rosinen und die Butter unter den heißen Reis heben.

Apfelcurry

200 g Langkornreis (natur)
500 ml Kochwasser
1 Prise Meersalz

Für das Curry:
2 EL Sultaninen
125 ml Einweichwasser
3 säuerliche Äpfel (z. B. Boskoop)
1 TL Curry
½ TL Zimt
1 EL Butter
125 ml süße Sahne
2 EL Haselnußkerne

Den Reis waschen, mit Wasser und einer Prise Salz aufkochen und 40 Minuten bei kleiner Hitze garen.

Die Sultaninen in dem Wasser 30 Minuten einweichen. Die Äpfel schälen (nach Belieben), das Kerngehäuse herausschneiden und die Früchte in Würfel schneiden.

Curry und Zimt kurz in der ausgelassenen Butter anschwitzen und Äpfel und Sultaninen mit dem Einweichwasser zugeben. Aufkochen und bei kleiner Hitze 8 – 10 Minuten dünsten. Die Sahne einrühren und nochmals kurz aufwallen lassen.

Die Haselnüsse grob hacken, in einer trockenen Pfanne 2 – 3 Minuten rösten und über das Curry streuen.

Gelber Reis nach Sultan-Art

250 g Basmatireis (natur)
Wasser zum Einweichen
2 Schalotten
2 EL Butter
1 TL Kurkuma
1 TL gemahlener Kreuzkümmel
1 TL gemahlener Kardamom
frisch gemahlener schwarzer Pfeffer
500 ml Kochwasser
Meersalz
2 EL Sultaninen
75 g getrocknete Datteln
75 g getrocknete Feigen
2 EL gehackte Pistazienkerne

Den Reis waschen und in kaltem Wasser 30 Minuten einweichen. Die Schalotten schälen, fein hacken und in der ausgelassenen Butter anschwitzen. Die Gewürze zugeben und kurz mitbraten. Den abgetropften Reis unterrühren, mit Wasser ablöschen,
salzen und zugedeckt bei kleiner Hitze 30 Minuten garen, bis
die Flüssigkeit fast verdampft ist.
Kurz vor Ende der Garzeit die Sultaninen und die klein geschnittenen Datteln und Feigen untermischen. Vor dem Servieren die
gehackten Pistazien über den Reis streuen.

Pfannenrühren für Einsteiger

Der Wok ist in den Reisländern Südostasiens das gebräuchlichste Küchenutensil. Er soll ursprünglich aus Gründen der Energieersparnis entwickelt worden sein, da der abgerundete Boden ideal die Hitze der Feuerstelle aufnehmen kann und von der Glut gleichzeitig auch die Seitenwände erhitzt werden. Wie geschaffen für unsere schnellebige Zeit, läßt sich im Wok Gemüse in Minutenschnelle zubereiten. Durch die hohen Temperaturen wird es im Nu gar und bleibt knackig. Selbst der größte Teil der Vitamine geht nicht verloren. Entscheidend für das Kochen mit dem Wok ist die richtige Vorbereitung. Denn wenn Sie erst einmal an der heißen Pfanne stehen, haben Sie kaum noch eine Hand frei, da das Bratgut ständig »pfannengerührt« werden muß. Alles sollte schon geschnitten sein und griffbereit neben dem Herd stehen. Die Größe der zurechtgeschnittenen Häppchen richtet sich nach der Konsistenz: Zarte Zucchiniwürfel beispielsweise dürfen etwas größer ausfallen als wasserärmeres Wurzelgemüse. Das Gemüse wird nacheinander gegart, beginnen Sie mit dem Gemüse, welches die längste Garzeit benötigt. Fast alle Woks sind mit einem halbrunden Gitter ausgestattet. Bereits gegartes Gemüse wird aus der Pfanne herausgenommen und auf dem Gitter warm gehalten; dort kann es gleichzeitig auch abtropfen.

Tofu mit Jasminreis an Erdnußsauce

200 g Jasminreis (natur)
500 ml Kochwasser
1 Prise Meersalz
200 g Tofu
200 g Lauch
1 Stück Galgant (etwa 2 cm)
1 Stengel Zitronengras
2 EL Butter
1 EL Sojasauce

Für die Erdnußsauce:
1 kleine Zwiebel
1 EL Butter
½ TL Kurkuma
½ TL Kreuzkümmel
1 TL Sambal Oelek
2 EL Erdnußmus
100 ml Wasser

Den Jasminreis nach dem Grundrezept (Seite 39) kochen.
Den Tofu würfeln. Den Lauch waschen und in Ringe schneiden.
Die Galgantwurzel schälen und fein hacken. Die äußeren Blätter
vom Zitronengras lösen und das Mark in millimeterdünne Scheibchen schneiden. Den Tofu in der ausgelassenen Butter goldbraun
braten. Lauch, Galgant und Zitronengras zugeben. Mit Sojasauce abschmecken und zugedeckt auf kleiner Flamme 10 Minuten
dünsten. Unterdessen für die Erdnußsauce die geschälte und fein
gehackte Zwiebel in einem Pfännchen in der ausgelassenen Butter glasig dünsten und die Gewürze unterrühren. Das Erdnußmus mit der Hälfte des Wassers anrühren und zu den Zwiebeln
geben. Kurz aufkochen und das restliche Wasser einrühren. Den
Reis portionsweise mit dem gebratenen Tofu und der Sauce auf
dem Teller anrichten.

Mexikanischer Bohnenreis mit Guacamole

150 g schwarze Bohnen
Einweich- und Kochwasser für die Bohnen
1 Lorbeerblatt
200 g Langkornreis (natur)
500 ml Kochwasser für den Reis
Meersalz
1 Zwiebel
2 Knoblauchzehen
1 rote Chilischote
2 EL Pflanzenöl
1 Kochbanane (ersatzweise eine große Banane)

Für die Guacamole:

2 Strauchtomaten
2 Schalotten
2 grüne Chilischoten
2 Avocados
Saft einer halben Zitrone
½ Bund Koriandergrün
Meersalz
Muskat

Die Bohnen waschen, über Nacht einweichen und tags darauf mit der dreifachen Menge frischem Wasser und dem Lorbeerblatt eine gute Stunde kochen. Dann das Lorbeerblatt entfernen. Den Reis waschen, in gesalzenem Wasser aufsetzen und 40 Minuten bei kleiner Hitze garen. Die Zwiebel schälen und grob würfeln, die Knoblauchzehen abziehen und fein hacken. Die Chilischote waschen, entkernen und fein schneiden.

In einer Pfanne mit heißem Öl Zwiebeln, Knoblauch und Chili anbraten. Die Bohnen, den abgekühlten Reis und die in Scheiben geschnittene Banane zugeben und auf kleiner Hitze 5 Minuten köcheln lassen.

Für die Guacamole die Tomaten waschen und würfeln, die Schalotten schälen und fein hacken. Die Chilischoten waschen, aufschlitzen, entkernen und fein schneiden. Die Avocados halbieren, den Kern herauslösen und das Fruchtfleisch aus der Schale lösen. Mit Zitronensaft beträufeln und mit dem Pürierstab pürieren. Koriander waschen und die Blätter hacken. Zusammen mit den übrigen Zutaten für die Guacamole in die Avocadocreme rühren.

- Passend zur Bohnenpfanne und dem Avocado-Dip runden Tortilla-Chips und eine Sangría das mexikanische Menü ab.

Jasminreis mit jungen Erbsen und Omelettstreifen

200 g Jasminreis (natur)
500 ml Kochwasser für den Reis
Meersalz
600 g Erbsenschoten oder 200 g Tiefkühlerbsen
Kochwasser für die Erbsen
200 g weiße Champignons
3 EL Erdnuß- oder Sesamöl
frisch gemahlener schwarzer Pfeffer
1 EL Sojasauce
1 TL Tabasco
4 Eier
1 EL Butter

Den Jasminreis nach dem Grundrezept (Seite 39) kochen.
Die Erbsen aus den Schoten lösen, in kochendem Salzwasser 8 – 10 Minuten garen und abgießen. Die Champignons putzen, in Scheiben schneiden und in heißem Öl 3 Minuten bräunen. Den abgekühlten Reis und die Erbsen unter die Pilze heben. Mit Pfeffer, Sojasauce und Tabasco würzen und weitere 3 – 4 Minuten braten.
Die Eier verquirlen, salzen und in der ausgelassenen Butter ein Omelett daraus braten. Das Omelett in etwa ½ cm breite Streifen schneiden und den Erbsenreis damit garnieren.

Seitangeschnetzeltes

400 g Brokkoli
Wasser zum Dämpfen
Meersalz
2 Schalotten
250 g Seitan
2 EL Sesamöl
500 g gekochter Naturreis vom Vortag
1 TL Sojasauce
1 TL Limettensaft
75 ml süße Sahne
1 TL eingelegte grüne Pfefferkörner

Den Brokkoli waschen und in mundgerechte Röschen teilen. Mit einer Prise Salz bestreut im Dämpfeinsatz mit etwas Wasser 6 – 8 Minuten garen. Mit kaltem Wasser abschrecken.
Die Schalotten schälen und fein hacken. Den Seitan in 3 – 4 mm dicke Streifen schneiden. Das Öl in einer Pfanne erhitzen und die Schalotten und den Seitan 4 – 5 Minuten darin braten.
Den gekochten Reis zugeben und kurz mitbraten. Mit Sojasauce und Limettensaft abschmecken. Sahne und Pfefferkörner unterrühren und nochmals 2 Minuten köcheln lassen. Die Brokkoliröschen in die Mitte geben und sofort servieren.

Gebratener Reis

Sollte mal etwas Reis vom Vortag übrig bleiben – kein Problem. Vorgekochter und ausgekühlter Reis eignet sich besser zum Braten als frisch gekochter heißer Reis. Er bleibt locker und klebt nicht zusammen, während frisch gekochte Reiskörner dazu tendieren, in der Pfanne matschig zu werden. Zusammen mit Gemüse, Sprossen, Pilzen und Tofu läßt sich so schnell ein leckeres Gericht zaubern, das weitaus mehr als bloße Resteverwertung ist. Ein typisches »fried-rice-Gericht« ist das indonesische Nasi Goreng; es läßt sich in zahlreichen Varianten zubereiten.

Nasi Goreng mit Seitan

200 g Blumenkohl
1 Möhre (etwa 60 g)
Wasser zum Dämpfen beziehungsweise Blanchieren
1 Zwiebel
2 Knoblauchzehen
1 grüne Chilischote
200 g Seitan
4 EL Sesamöl
100 ml heiße Gemüsebrühe
500 g gekochter Langkornreis (natur) vom Vortag
1 EL Sambal Oelek
1 EL helle Sojasauce

Blumenkohl und Möhre waschen beziehungsweise putzen, Blumenkohl in kleine Röschen teilen und Möhre in streichholzlange Stifte schneiden. Beides im Dämpfeinsatz mit etwas Wasser 3 Minuten vorgaren oder in heißem Wasser blanchieren.

Die Zwiebel schälen und fein würfeln, die Knoblauchzehen abziehen und fein hacken. Chilischote waschen und aufschlitzen, entkernen und fein hacken. Den Seitan in mundgerechte Stücke schneiden.

Das Öl im Wok oder in einer Pfanne erhitzen und die Zwiebeln, den Knoblauch und die Chili darin kurz anbraten. Den abgetropften Seitan zugeben und von allen Seiten kross braten. Das Gemüse untermischen, die heiße Gemüsebrühe angießen und 4 – 5 Minuten unter Rühren garen. Den gekochten Reis unterheben, mit Sambal Oelek und Sojasauce abschmecken und alles unter Rühren nochmals 2 – 3 Minuten köcheln lassen.

Indonesischer Sprossenreis

200 g Langkornreis (natur)
500 ml Kochwasser
1 Prise Meersalz
2 Frühlingszwiebeln
1 Stück Galgantwurzel (etwa 2 cm)
1 Möhre (etwa 60 g)
1 EL Limettensaft
2 – 3 EL Sesamöl
150 g Mungbohnensprossen
1 EL Sambal Oelek
1 – 2 EL helle Sojasauce

Den Reis waschen, in Wasser mit einer Prise Salz aufsetzen, 40 Minuten bei kleiner Hitze garen und auskühlen lassen.
Die Frühlingszwiebeln schälen und in feine Ringe schneiden, das Zwiebelgrün waschen und in etwa 1 cm breite Ringe schneiden. Die Galgantwurzel schälen und in feine Stifte schneiden. Die Möhre putzen, raspeln und mit Limettensaft beträufeln.
Das Öl im Wok oder in einer Pfanne erhitzen und darin die Frühlingszwiebel (ohne das Grün), den Galgant und die Möhren unter ständigem Wenden 2 Minuten braten. Die Sprossen zugeben und mit Sambal Oelek und Sojasauce würzen. Den Reis und das Zwiebelgrün unterheben und unter ständigem Rühren braten, bis der Reis heiß ist.

Malaiisches Nasi Goreng aus dem Wok

200 g Jasminreis (natur)
500 ml Kochwasser für den Reis
Meersalz
200 g Schlangenbohnen
Kochwasser für die Bohnen
2 Schalotten
2 Knoblauchzehen
1 rote Chilischote
4 EL Pflanzenöl

Den Jasminreis nach dem Grundrezept (Seite 39) kochen und auskühlen lassen.

Die Schlangenbohnen waschen, in 2 cm lange Stückchen schneiden und im Dämpfeinsatz oder in kochendem Wasser 8 Minuten vorgaren. Die Schalotten schälen und fein würfeln, den Knoblauch abziehen und hacken. Die Chili waschen, aufschlitzen, mit einem Messer die Kerne entfernen und die Schote hacken. Schalotten, Knoblauch und Chili im Mörser zu einer Paste zerstoßen.

Das Öl im Wok erhitzen und die Gewürzpaste kurz anbraten. Die Bohnen zugeben und 3 – 4 Minuten pfannenrühren (siehe auch Seite 126). Den Reis unterheben und weitere 3 Minuten braten.

- Die fast 50 cm langen Schlangenbohnen finden Sie frisch in Asienläden. Ersatzweise können Sie auch Kenia-Bohnen oder grüne Bohnen nehmen.

Pfannengerührter Thai-Reis

200 g Jasminreis (natur)
500 ml Kochwasser
Meersalz
2 Knoblauchzehen
1 rote Chilischote
1 Stück Galgantwurzel (etwa 2 cm)
125 g thailändische gelbe Auberginen
  (ersatzweise auch eine ganz kleine normale Aubergine)
1 rote Paprikaschote
50 g Zuckerschoten
4 EL Sesamöl
40 g Mungbohnensprossen
1 EL Sojasauce
2 EL Ketchup
Saft einer halben Limette
frisches Koriandergrün

Den Jasminreis nach dem Grundrezept (Seite 39) kochen und
auskühlen lassen.
Die Knoblauchzehen abziehen und fein hacken. Die Chilischote
waschen, der Länge nach aufschlitzen, mit einem Messer die
Kerne entfernen und die Schote fein hacken. Den Galgant schälen und in feine Stifte schneiden. Auberginen waschen, die Stielansätze wegschneiden und die Früchte achteln. Die Paprikaschote
teilen, entkernen, waschen und in feine Streifen schneiden. Die
Zuckerschoten putzen.

Das Öl im Wok erhitzen und zunächst Knoblauch, Chili und Galgant anbraten. Die Auberginen zugeben und unter ständigem Rühren 4 Minuten braten (siehe auch »Pfannenrühren« Seite 126). Die Paprikastreifen und die Zuckerschoten 2 Minuten mitbraten, die Mungbohnensprossen zugeben und weitere 2 Minuten pfannenrühren.

Den Reis unter das Gemüse heben, mit Sojasauce und Ketchup abschmecken und alles so lange pfannenrühren, bis der Reis heiß ist. Mit Limettensaft beträufeln und mit einigen gewaschenen Korianderblättchen garnieren.

Reisnudeln aus dem Wok

200 g Vermicelli
2 Frühlingszwiebeln
1 rote Chilischote
2 Möhren
75 g frische Shiitake-Pilze
2 Eier
4 EL Pflanzenöl
1 – 2 EL helle Sojasauce

Die Vermicelli in kochendem Wasser 6 Minuten garen. Unter fließendem Wasser abspülen und gut abtropfen lassen.

Die Frühlingszwiebeln schälen und in feine Ringe schneiden. Die Chilischote waschen, der Länge nach aufschlitzen, entkernen und ebenfalls fein schneiden. Die Möhren putzen und in streichholzlange schmale Stifte schneiden. Die Pilze ebenfalls putzen und die Stiele wegschneiden. Sie werden nicht verwendet. Die Schirme in Streifen zerteilen.

Die Eier mit einer Gabel verquirlen und in 1 EL Öl als Omelett braten.

Das restliche Öl im Wok erhitzen und darin die Frühlingszwiebeln (ohne Grün) und die Chili 2 Minuten pfannenrühren (siehe auch Seite 126). Die Möhren zugeben und 2 Minuten braten. Nun Pilze und Nudeln zugeben, mit Sojasauce abschmecken und nochmals 3 Minuten pfannenrühren. Das in Streifen geschnittene Omelett über die Nudeln geben und sofort servieren. Mit Zwiebelgrün garnieren.

Bratlinge, Puffer und Kroketten

Scharfe Reisbratlinge

200 g Rundkornreis (natur)
500 ml Kochwasser
Meersalz
2 Zwiebeln
2 rote Chilischoten
2 Eier
3 EL Paniermehl
2 EL gehackte Petersilie
Olivenöl zum Braten

Den Reis waschen, in Salzwasser aufkochen und 50 Minuten bei kleiner Hitze garen, bis alle Flüssigkeit aufgenommen ist. Unterdessen die Zwiebeln schälen und fein hacken. Die Chilischoten waschen, der Länge nach aufschlitzen, entkernen und ganz fein schneiden.

Den gekochten Reis in eine Schüssel geben und abkühlen lassen. Zwiebeln, Chili, Eier, Paniermehl und Petersilie untermischen, salzen und zu einer Masse kneten. Mit angefeuchteten Händen etwa acht Bratlinge formen. Das Öl in einer beschichteten Pfanne erhitzen und die Bratlinge darin von beiden Seiten jeweils 6 Minuten knusprig braten.

- Wollen Sie es weniger scharf, ersetzen Sie die Chilis durch schwarzen Pfeffer, ½ TL edelsüßes Paprika und 1 Msp Muskat.

Fritierte Reiskroketten

200 g Rundkornreis (natur)
500 ml Kochwasser
Meersalz
2 Schalotten
1 EL Butter
frisch gemahlener schwarzer Pfeffer
2 EL gehackte Petersilie
2 kleine Eier
50 g Parmesan
4 EL Paniermehl
750 ml Öl oder Kokosfett zum Fritieren

Den Reis waschen, 50 Minuten bei kleiner Hitze in Salzwasser garen und abkühlen lassen.
Die geschälten und fein gehackten Schalotten in der ausgelassenen Butter glasig dünsten und dem Reis zugeben. Mit Salz und Pfeffer abschmecken. Petersilie, verquirlte Eier, geriebenen Käse und die Hälfte von dem Paniermehl untermischen und gut durchkneten.
Mit angefeuchteten Händen 10 – 12 Kroketten formen und diese im restlichen Paniermehl wälzen. In heißem Fett 5 Minuten fritieren und kurz auf Küchenpapier auslegen.

Reisbällchen mit Mozzarellafüllung

250 g Calasparra-Reis
625 ml Gemüsebrühe
80 g Mozzarella
½ Bund frisches Basilikum
  (beziehungsweise Salbeiblättchen oder Rosmarinnadeln)
2 Eier
75 g Parmesan
Meersalz
frisch gemahlener Pfeffer
Paniermehl
Kokosfett oder Öl zum Fritieren

Den Reis waschen, in der Gemüsebrühe aufkochen und 45 Minuten bei kleiner Hitze garen; er soll weich, aber nicht zu trocken sein. Den Reis etwa 2 Stunden auskühlen lassen.
Den Mozzarella in etwa 15 kleine Würfel schneiden. Den Basilikum waschen und die Blätter von den Stengeln zupfen.
Den Reis mit den Eiern, dem geriebenen Parmesan und den Gewürzen zu einer Masse kneten. Mit angefeuchteten Händen etwa 15 pflaumengroße Bällchen formen. Mit dem Finger ein Loch in jedes Bällchen drücken und ein mit einem kleinen Basilikumblatt umwickeltes Stückchen Mozzarella hineinstecken (an Stelle von Basilikum können Sie auch frische Salbeiblättchen oder Rosmarinnadeln mit in das Bällchen drücken). Die Bällchen wie-

der gut verschließen und in Paniermehl wälzen. Die fertigen Bällchen 30 Minuten im Kühlschrank ziehen lassen.

Dann die Bällchen in dem erhitzten Pflanzenfett goldbraun fritieren. Mit einem Löffel herausnehmen und auf Küchenpapier abtropfen lassen, jedoch noch heiß servieren.

- Reichen Sie die Bällchen als Vorspeise oder zusammmen mit einem Tomatensalat.

- Das Rezept für die leckeren Bällchen kommt aus der Reisprovinz in Oberitalien. Die Italiener nennen das Gericht *Suppli al Telefono*, weil der Käse in den heißen Kügelchen beim Aufbrechen »Drähte« zieht.

Japanische Reisbälle

250 g Rundkornreis (natur)
600 ml Kochwasser
4 kleine Umeboshi-Aprikosen
4 – 5 EL Sesamsaat

Den Reis waschen und ohne Salz 50 Minuten bei kleiner Hitze
in dem Wasser weich kochen. Anschließend handwarm abkühlen lassen. Mit angefeuchteten Händen vier schneeballgroße Bälle formen. Mit dem Zeigefinger ein Loch in jeden Ball drücken,
je eine Umeboshi-Aprikose hineinstecken und das Loch wieder
verschließen. Die Sesamsaat in einer Pfanne ohne Fett 2 – 3 Minuten rösten. Die Reisbälle rundum in Sesam wälzen.

• Reisbälle werden kalt gegessen und dürfen in Japan in keinem
  Picknickkorb fehlen. Die salzig-saure Umeboshi-Aprikose sorgt
  für ein ausgefallenes Aroma. Sie können an Stelle heller Sesamsaat auch schwarzen Sesam verwenden, falls Sie diesen
  bekommen können – er schmeckt noch würziger und macht
  die Bälle farblich attraktiv.

Linsen-Rucola-Klößchen

360 ml Gemüsebrühe
200 g Vollreismehl
125 g rote Splitterlinsen
Einweichwasser für die Linsen
1 Möhre (etwa 60 g)
2 EL Sonnenblumenöl
1 Schuß Tabasco-Sauce
3 EL fein gehackter Rucola
35 g feine Haferflocken (etwa 5 gehäufte EL)
1 TL eingelegte grüne Pfefferkörner
Meersalz
Kochwasser
etwas Butter

Die Gemüsebrühe aufkochen und vom Herd nehmen. Das Reismehl mit einem Schneebesen einrühren und zugedeckt 30 Minuten ausquellen lassen.

Die gewaschenen Linsen 30 Minuten in Wasser einweichen.

Die Möhre putzen und grob raspeln. Das Wasser von den Linsen abgießen und diese mit den Möhren in einer Pfanne in Öl 8 – 10 Minuten dünsten. Gelegentlich umrühren.

Die Linsen mit dem gequollenen Reismehl, Tabasco, Rucola, Haferflocken und Pfefferkörnern zu einem Teig kneten. Mit angefeuchteten Händen etwa 10 – 12 tischtennisballgroße Klößchen formen. In einem großen Topf Salzwasser aufkochen und die Klößchen darin 30 Minuten ziehen (nicht kochen!) lassen.

Mit ausgelassener heißer Butter beträufeln und zusammen mit einem knackigen Salat servieren.

- Sollten wider Erwarten ein paar Klößchen übrig bleiben, können Sie diese tags darauf in Scheiben geschnitten in Butter braten.

Panierte Reisbacklinge

200 g Rundkornreis (natur)
500 ml Kochwasser
Meersalz
1 Zwiebel
2 EL Butter
150 g Emmentaler Käse
½ Bund Petersilie
½ TL Majoran
frisch gemahlener schwarzer Pfeffer
Muskat
2 EL Vollweizenmehl
1 Ei
Paniermehl

Den Reis waschen, in Salzwasser aufkochen und 45 Minuten bei kleiner Hitze garen. Die geschälte und gehackte Zwiebel in 1 EL ausgelassenen Butter bräunen. Den geriebenen Käse mit den Gewürzen, der gehackten Petersilie, der Zwiebel und dem Mehl unter den handwarm abgekühlten Reis kneten. Aus der Masse etwa zwölf »Backlinge« formen.

Das Ei in einem Suppenteller mit einer Gabel verquirlen, die Backlinge darin wenden, dann in Paniermehl wälzen und auf ein eingefettetes Backblech setzen. Auf jeden Backling ein Butterflöckchen geben und im vorgeheizten Ofen bei mittlerer Hitze in 30 Minuten goldgelb backen.

Wildreisbratlinge

100 g Wildreis
100 g Rundkornreis (natur)
Kochwasser
Meersalz
100 g Lauch
100 g Kohlrabi
1 EL Sonnenblumenöl
4 – 5 EL Wasser
100 g Mascarpone
1 Ei
2 – 3 EL Paniermehl
½ TL Paprika edelsüß
frisch gemahlener Pfeffer
Öl zum Braten

Den Wildreis nach dem Grundrezept (Seite 37) garen. Den Naturreis waschen, in 250 ml Wasser aufsetzen und 45 Minuten bei
kleiner Hitze garen. Den Lauch waschen und in 2 mm feine Ringe schneiden. Die Kohlrabi schälen und grob raspeln.
Das Öl in einer Pfanne erhitzen und zunächst den Lauch kurz
darin anbraten. Die Kohlrabi mit 4 – 5 EL Wasser zugeben und
5 Minuten dünsten, bis das Wasser verdampft ist. Mascarpone
unter das heiße Gemüse rühren.
Wild- und Naturreis in einer Schüssel mit dem Gemüse mischen.
Ei, Paniermehl und Gewürze einrühren. Mit angefeuchteten
Händen etwa 10 – 12 kleine Bratlinge formen und in heißem Öl
von beiden Seiten jeweils 3 – 4 Minuten kross braten.

Reis-Möhren-Puffer mit Quarkdip

250 g Rundkornreis (natur)
600 ml Kochwasser
Meersalz
1 große Zwiebel
200 g Möhren
1 EL Sonnenblumenöl
2 Eier
3 EL Vollweizenmehl
Meersalz
frisch gemahlener Pfeffer
1 TL Paprika edelsüß
3 EL gehackte Petersilie
Öl zum Braten

Für den Quarkdip:
5 EL süße Sahne
500 g Speisequark (20 % Fett i. Tr.)
1 Mango
1 Birne
2 Stengel Staudensellerie
1 Prise Meersalz
1 Prise frisch gemahlener weißer Pfeffer
frische Minze

Den Reis waschen, in Salzwasser aufsetzen, 45 Minuten bei kleiner Hitze garen und abkühlen lassen. Die Zwiebel schälen und fein würfeln, die Möhren waschen und raspeln. Mit Reis, Öl, Eiern, Mehl, Pfeffer, Paprika und Petersilie mischen.

Für den Dip die Sahne in den Quark rühren. Die Mango schälen und das Fruchtfleisch würfeln. Die Birne waschen, halbieren, entkernen und ebenfalls würfeln. Den gewaschenen und in feine Scheibchen geschnittenen Sellerie und die Früchte unter den Quark heben, mit Salz und Pfeffer abschmecken und mit Minzblättern garnieren.

Jeweils 1½ EL von der Puffermischung abnehmen, ins heiße Öl geben, flachdrücken und von beiden Seiten je 4 Minuten kross braten. Die Puffer mit einem Klecks Quarkdip servieren.

Reis-Zucchini-Puffer

100 g Rundkornreis (natur)
250 ml Kochwasser
Meersalz
2 Schalotten
1 EL Butter
300 g Zucchini
125 g Hartkäse
1 Bund Schnittlauch
2 – 4 Zweige frischer Rosmarin
2 kleine Eier
Olivenöl zum Braten

Den Reis waschen, in Salzwasser aufkochen und 45 Minuten bei kleiner Hitze garen. Die geschälten und fein gehackten Schalotten in der ausgelassenen Butter glasig dünsten. Die Zucchini waschen und samt Schale grob raffeln, den Käse reiben. Den Schnittlauch waschen und in Röllchen schneiden, die Rosmarinnadeln von den Zweigen zupfen.

Den gekochten Reis mit den Eiern und den übrigen Zutaten (außer dem Öl zum Braten) gut mischen. Das Öl in einer beschichteten Pfanne erhitzen. Von der Reismasse jeweils 1 gehäuften EL abnehmen, in die Pfanne geben und mit dem Löffel flach drükken. Die Puffer von beiden Seiten 2 – 3 Minuten braten. Die insgesamt 18 – 20 Puffer auf eine Platte legen und im Backofen warm halten.

Damit es schneller geht, braten Sie am besten in zwei Pfannen.

• An Stelle der genannten Kräuter können Sie auch Salbei, Majoran, Koriandergrün, Chili, Muskat und andere Gewürze verwenden.

Milchreis – das Grundrezept

200 g süßer Naturreis (Mochi-Reis)
200 ml Kochwasser
1 Prise Meersalz
300 ml heiße Milch oder Reisdrink

Den Reis waschen, in 200 ml Wasser mit einer Prise Salz aufsetzen und bei kleiner Hitze 15 Minuten kochen, bis das Wasser
fast ganz vom Reis aufgenommen ist. Die heiße Milch beziehungsweise den Reisdrink angießen und weitere 35 Minuten köcheln
lassen. Gelegentlich umrühren.

- Wenn Sie es mal nicht ganz so vollwertig wollen – Milchreis
  läßt sich natürlich auch mit geschliffenem Reis zubereiten (Seite 157). Da die Randschichten fehlen, nimmt er mehr Flüssigkeit auf und kocht so weicher.

Milchreis mit gedünsteten Zwetschgen

200 g süßer Naturreis (Mochi-Reis)
200 ml Kochwasser
1 Prise Meersalz
300 ml heiße Milch oder Reisdrink
500 g Zwetschgen
1 – 2 EL Vollrohrzucker (je nach Süße der Früchte)
einige EL Wasser für die Zwetschgen
2 EL Agavendicksaft
200 g süße Sahne
¼ TL Bourbon-Vanille

Den Reis nach dem Grundrezept (Seite 152) kochen.
Die Zwetschgen entsteinen und zuckern. Mit einigen EL Wasser
auf kleinster Hitze 6 – 8 Minuten dünsten.
Den etwas abgekühlten Milchreis mit Agavendicksaft süßen. Die
Sahne steif schlagen, auf den Reis geben und mit Vanille bestäu-
ben. Portionsweise in Schälchen geben und die gedünsteten
Zwetschgen rundherum arrangieren.

Orientalischer Milchreis mit Mangocreme

200 g süßer Naturreis (Mochi-Reis)
200 ml Kochwasser
1 Prise Meersalz
300 ml heiße Milch oder Reisdrink
2 EL Sultaninen
1 Zimtstange
3 Nelken
1 TL gemahlener Kardamom
2 EL Akazienhonig oder Vollrohrzucker

Für die Mangocreme:
2 mittelgroße Mangos (je 350 g)
1 EL Akazienhonig oder Vollrohrzucker (nach Belieben)
1 EL Zitronensaft
200 ml süße Sahne
frische Minzblätter
1 EL gehackte Pistazien

Die Mangos schälen und das Fruchtfleisch von den Steinen lösen. Vier dünne Scheibchen zum Anrichten beiseite legen, den Rest mit dem Pürierstab pürieren. Nach Belieben mit Honig oder Vollrohrzucker etwas nachsüßen und mit Zitronensaft abschmecken.

Die Sahne steif schlagen und unter die Creme heben. Portionsweise in Glasschälchen geben und eine Stunde kühlen. Vor dem Servieren mit Minzblättchen und Pistazien garnieren.

Den Reis nach dem Grundrezept (Seite 152) kochen, jedoch zusammen mit der Milch beziehungsweise dem Reisdrink die Sultaninen und die Gewürze zugeben. Den Milchreis etwas abkühlen lassen, Nelken und Zimtstangen herausnehmen und den Honig beziehungsweise Zucker einrühren.

Zusammen mit der Mangocreme servieren.

Black Rice Pudding

250 g schwarzer Klebreis
750 ml Kochwasser
Meersalz
2 Pandanblätter (nach Belieben)
2 EL Vollrohrzucker
4 EL Kokosextrakt
1 TL Bourbon-Vanille
Bananen, Papaya, Mango, Ananas oder andere exotische
Früchte nach Belieben

Den Reis eine Stunde in Wasser einweichen. In einem Sieb kurz durchspülen und mit der dreifachen Menge Wasser aufsetzen. Die Pandanblätter waschen, zusammenknoten, mit einer Prise Salz dem Reis zugeben und 30 – 35 Minuten bei kleiner Hitze garen. Gelegentlich umrühren, damit der Reis nicht anbrennt. Sobald der Reis gar ist, die Pandanblätter herausnehmen; sie dienen nur als Aromageber und werden nicht mitgegessen.

Den Zucker in den heißen Reis rühren und etwas abkühlen lassen. Dann den Kokosextrakt einrühren und den Reis mit Vanille abschmecken.

Mit Bananen und mit gewürfelten exotischen Früchten servieren.

- Wollen Sie den Pudding stilecht wie in Indonesien zubereiten, nehmen Sie an Stelle des Vollrohrzuckers ein Stück Palmzucker und reiben Sie diesen in den Reis hinein.

Reiscreme

200 g Vollreismehl
800 ml Milch oder Reisdrink ~~800 ml Milch oder Reisdrink~~ *Wasser*
2 EL Ahornsirup
1 Prise Meersalz
½ TL Zimt
2 EL gehackte Walnußkerne

Das Reismehl in einen Topf geben und mit einer Tasse Milch oder Reisdrink anrühren. Langsam aufkochen und dabei unter ständigem Rühren die restliche Milch beziehungsweise den Reisdrink zugeben. Kurz aufwallen lassen und vom Herd nehmen. Den Ahornsirup in die Creme einrühren, mit Salz abschmecken und mit Zimt bestäuben.
Die Walnüsse in einer Pfanne ohne Fett kurz rösten und über die Creme streuen.

• Servieren Sie die Reiscreme mit Früchten der Saison, beispielsweise mit Weintrauben oder Beerenobst. Schmeckt auch lekker als Frühstück.

Beerenreis mit Eischnee

800 ml Milch oder Reisdrink
200 g süßer Reis (geschliffen)
1 Prise Meersalz
2 gestrichene EL Vollrohrzucker
400 g Himbeeren
1 EL Akazienhonig (nach Belieben)
1 unbehandelte Zitrone
3 Eier
Bourbon-Vanille

Die Milch oder den Reisdrink in einem Topf langsam erhitzen. Den Reis in einem Sieb unter fließendem Wasser waschen und in die heiße Milch beziehungsweise den Reisdrink geben. Mit einer Prise Salz abschmecken und zugedeckt auf kleinster Hitze 20 Minuten köcheln. Gelegentlich umrühren, damit der Reis nicht am Topfboden anklebt. Den fertigen Milchreis mit 1 gestrichenen EL Zucker süßen.

Von den Himbeeren vier schöne Beeren zur Seite legen, den Rest mit dem Pürierstab pürieren, gegebenenfalls mit Honig süßen.

Von der Zitrone 1 TL Schale abreiben. Die Eier trennen. Das Eiweiß mit dem Quirl steif schlagen und die abgeriebene Zitronenschale und den restlichen Zucker untermischen.

Den Milchreis in feuerfeste Portionsschälchen füllen. Eine Lage Himbeersauce darüber geben und mit etwas Reis abdecken. Das steif geschlagene Eiweiß darauf setzen, mit jeweils einer Messerspitze Vanille bestäuben und im vorgeheizten Backofen bei 200° C 3 – 4 Minuten backen, bis das Eiweiß schön braun ist. Vor dem Servieren mit jeweils einer Himbeere garnieren.

• Wenn Sie an Stelle von Milch Reisdrink nehmen, können Sie auf Zucker fast verzichten – die leckere Getreidemilch hat genügend Natursüße.

Vanillereis an Erdbeersauce

200 g süßer Naturreis (Mochi-Reis)
200 ml Kochwasser
1 Prise Meersalz
300 ml heiße Milch oder Reisdrink
1 Vanilleschote
2 EL Vollrohrzucker
2 EL Amaretto (nach Belieben)
125 ml süße Sahne

Für die Sauce:
500 g Erdbeeren
1 Päckchen Vanillezucker
frische Minze

Den Reis nach dem Grundrezept (siehe Seite 152) kochen.
Die Vanilleschote der Länge nach aufschneiden und das Mark ausschaben. Das Mark, den Zucker und den Amaretto in den abgekühlten Reis rühren. Die Sahne steif schlagen und unterheben.
Die Erdbeeren waschen, die Stiele entfernen, die Hälfte der Früchte im Mixer oder mit dem Pürierstab pürieren und den Vanillezucker untermischen. Den Milchreis portionieren und mit der Sauce und den übrigen Erdbeeren anrichten. Mit der Minze garnieren.

Sahne-Reisnocken

200 g Vollreismehl
800 ml Apfelsaft
1 Prise Meersalz
Bourbon-Vanille
1 – 2 EL Akazienhonig
125 g süße Sahne
500 g Beerenobst oder Fruchtsauce nach Wahl

Das Reismehl in einem Topf mit einer Tasse Apfelsaft anrühren, den Rest des Saftes zugeben und unter ständigem Rühren aufkochen. Mit einer Prise Meersalz und mit Vanille abschmecken.
Etwas abkühlen lassen und den Honig einrühren. Die steif geschlagene Sahne unter die ausgekühlte Creme heben und abgedeckt zwei Stunden in den Kühlschrank stellen.
Zwei Eßlöffel mit kaltem Wasser anfeuchten und damit Nocken von der Reiscreme abnehmen.
Mit frischem Beerenobst oder einer Fruchtsauce servieren.

Möhrenreis mit Kokos

200 g Langkornreis (natur)
500 ml Kochwasser
1 Prise Meersalz
150 g Möhren
1 EL Zitronensaft
100 ml saure Sahne
2 EL Agavendicksaft
4 TL Kokosraspeln

Den Reis waschen, mit einer Prise Salz in Wasser aufkochen und
45 Minuten bei kleiner Hitze garen.
Die Möhren putzen und fein raspeln. Den warmen Reis mit allen
Zutaten außer Kokosraspeln mischen, in Portionsschälchen füllen und mit Kokosraspeln bestreuen.

Wildreiscrêpes mit Blaubeerfüllung

125 g Weizenmehl Type 1050
2 EL Akazienhonig
1 Prise Meersalz
3 Eier
125 ml kalte Milch
125 ml kaltes Wasser
1 EL Sonnenblumenöl
125 g gekochter Wildreis
Butter

Für die Füllung:

500 g Blaubeeren (ersatzweise andere frische Beeren)
2 EL Ahornsirup
200 ml süße Sahne
250 g Quark (20 % Fett i. Tr.)
1 EL Zitronensaft
frische Zitronenmelisse

Mehl, Honig und Salz in einer Schüssel mischen und die Eier einrühren. Unter ständigem Rühren langsam Milch, Wasser und Öl zugeben, damit der Teig nicht klumpt. Den Teig eine Stunde ziehen lassen und dann den gekochten Wildreis zugeben.

In einer Pfanne – am besten eignet sich eine flache und beschichtete Crêpes-Pfanne – etwas Butter auslassen. Jeweils 3 – 4 EL von der flüssigen Masse hineingeben und von beiden Seiten 2 Minuten braten. Ergibt 8 – 10 Crêpes.

Die Blaubeeren mit Ahornsirup süßen. Sahne und Quark gut miteinander verquirlen. Die Beeren daruntergeben und mit Zitronensaft abschmecken. Die Crêpes mit einer Portion Quark-Beeren-Mischung füllen und aufrollen. Zitronenmelisse waschen und die Crêpes damit garnieren.

Zutaten von A – Z

Agavendicksaft: eingedickter Saft einer mexikanischen Agavenart von honigartiger Konsistenz. Agavendicksaft dient als mildes Süßmittel und ist in Naturkostläden erhältlich.

Anatto: kleine rotbraune Samen des ursprünglich in Zentral- und Südamerika beheimateten Orleansstrauches. Anatto wird heute in Südostasien angebaut und unter anderem zum Färben von kräftig gelben bis orangeroten Reisgerichten verwendet. Anatto ist in asiatischen Lebensmittelgeschäften erhältlich.

Auberginen, gelb: siehe Thai-Auberginen

Balsamessig (Balsamico): italienische Essigspezialität aus Modena oder der Reggio Emilia von schwarzer Farbe und mit ausgeprägtem Aroma. Je nach Reifegrad wird zwischen zwei-, vier- und zehnjährigem Balsamico unterschieden – je älter der Essig, desto teurer ist er. Er ist in Naturkostläden und in Feinkostgeschäften erhältlich.

Champagne-Linsen: kleinwüchsige braune Linsensorte, die ihren Namen der Anbauregion verdankt, in der auch der berühmte französische Schaumwein hergestellt wird. Champagne-Linsen sind relativ teuer und in Naturkostläden erhältlich.

Channa Dal: halbierte kleine gelbe Kichererbsen, in asiatischen Lebensmittelgeschäften erhältlich.

Chili: zur Familie der Paprika gehörende kleine Schoten mit brennend scharfem Geschmack. Je kleiner und schlanker, desto feuriger – die roten sind schärfer als die grünen. Achten Sie nach dem Schneiden darauf, daß Sie nicht mit den Händen Augen oder Schleimhäute berühren. Getrocknet und gemahlen werden Chilis als Cayennepfeffer gehandelt. Sie sind in türkischen und asiatischen Lebensmittelgeschäften erhältlich.

Cumin: siehe Kreuzkümmel

Galgant: botanisch und geschmacklich mit Ingwer verwandte aromatische Wurzel, die außer als Gewürz auch wegen ihrer verdauungsfördernden Wirkung geschätzt wird. Ersatzweise können Sie auch Ingwer verwenden. Galgant ist in asiatischen Lebensmittelgeschäften erhältlich.

Garam Masala: indische Gewürzmischung aus Koriander, Cumin, Ingwer, Pfeffer, Kardamom und anderen Gewürzen. Die Gewürzmischung wird nicht mitgekocht, sondern als Tafelgewürz über die fertig gegarten Speisen gestreut. Garam Masala ist in asiatischen und indischen Lebensmittelgeschäften erhältlich.

Gelbwurz: siehe Kurkuma

Hoisin-Sauce: in Südostasien verbreitete süß-scharfe Würzsauce aus Sojabohnen, Chili, Knoblauch und Gewürzen, die gerne als Dip verwendet wird. Sie ist in asiatischen Lebensmittelgeschäften erhältlich.

Kochbanane: kartoffelähnlich schmeckende Frucht, nahezu doppelt so groß wie eine normale Banane und für den rohen Verzehr ungeeignet. Sie ist in asiatischen Lebensmittelgeschäften erhältlich.

Kokosextrakt: konzentrierte Kokosmilch, die als Fertigprodukt in asiatischen Lebensmittelgeschäften angeboten wird.

Kombu-Alge: Braunalge, die in der japanischen Küche zur Herstellung von Suppenbrühen verwendet wird. Sie ist in Naturkostläden und in asiatischen Lebensmittelgeschäften erhältlich.

Koriandergrün: (spanisch: *cilantro)* Gewürzkraut, das im Aussehen der glattblättrigen Petersilie ähnelt und sich auch wie solche verwenden läßt. In der mediterranen und südostasiatischen Küche ist es ein sehr beliebtes Küchengewürz. Das aromatische Kraut ist frisch auf Märkten, in asiatischen Lebensmittelgeschäften und in Naturkostläden zu bekommen. Es läßt sich auch einfach auf dem Balkon oder vor dem Fenster ziehen. Im Kühlschrank in ein Wasserglas stellen und eine Plastiktüte darüber stülpen – so hält es sich am besten frisch.

Kreuzkümmel: auch unter dem Namen Cumin bekanntes orientalisches Gewürz, das mit unserem Kümmel verwandt ist, geschmacklich jedoch völlig anders ausfällt. Es wird ganz oder gemahlen gehandelt und ist Bestandteil von Currypulver. Erhältlich ist Kreuzkümmel in Naturkostläden und asiatischen Lebensmittelgeschäften.

Kurkuma: (Gelbwurz) südostasiatisches stark färbendes Ingwergewächs, mit dem die buddhistischen Mönche früher ihre safrangelben Roben färbten. Die Wurzelknollen sind frisch oder als Pulver getrocknet zu haben. Kurkuma ist ein Hauptbestandteil des Currypulvers und wird als preiswerter Safranersatz zum Färben von Reisgerichten und anderen Zubereitungen verwendet. Es wirkt appetitanregend und verdauungsfördernd. Durch den leicht bitter-scharfen Geschmack eignet es sich nicht für Süßspeisen. Kurkuma ist in Naturkostläden und asiatischen Lebensmittelgeschäften erhältlich.

Limette: auch Limone genannte kernlose Zitrusfrucht, die etwas kleiner ist als die Zitrone und eine dünne grüne Schale und saftig-saures Fruchtfleisch hat. Saftärmer, doch besonders aromatisch ist die Kaffir-Limette, die sich durch ihre runzlige Schale auch optisch von der normalen Limette abhebt. Limetten sind in asiatischen Lebensmittelgeschäften und in Natur- und Feinkostläden erhältlich.

Limettenblätter: Als Gewürz dienen die ledrigen Blätter des Kaffir-Limettenbaumes (siehe oben). Sie werden wie Lorbeerblätter verwendet. In asiatischen Lebensmittelgeschäften gibt es sie frisch zu kaufen.

Macadamianüsse: Die ursprünglich in Australien beheimatete Nuß ist von einer kugelrunden besonders harten Samenschale umgeben, die mit speziellen Knackmaschinen gebrochen wird. Die Nuß ist sehr wohlschmeckend, verfügt jedoch über einen außerordentlich hohen Fettgehalt von fast 80 %. Macadamianüsse sind in Feinkostläden und -abteilungen erhältlich.

Madras-Curry: spezielle südindische Currymischung aus Kreuzkümmel, Kurkuma, Koriander, Cayennepfeffer und anderen Gewürzen. Madras-Curry ist in Supermärkten und asiatischen Lebensmittelgeschäften erhältlich.

Mascarpone: sehr fetter und aromatischer italienischer Doppelrahmfrischkäse, der außer für Süßspeisen auch für Nudelsaucen verwendet wird. Er ist in Naturkostläden und italienischen Feinkostgeschäften erhältlich.

Mungbohnen: Die kleinen grünen Samen sind auf dem indischen Subkontinent eine weit verbreitete Hülsenfrucht und werden zu breiigen Saucen gekocht. Die aus den Samen gezogenen und auch bei uns sehr beliebten Mungbohnensprossen werden irreführenderweise als Sojasprossen bezeichnet. Die Bohnen sind in asiatischen Lebensmittelgeschäften und Naturkostläden erhältlich.

Mirin: siehe Seite 31

Miso: fermentiertes Sojabohnenkonzentrat, zum Teil auch mit Reis oder Gerste gemischt, das als Gewürz Verwendung findet. Miso ist in Naturkostläden und asiatischen Lebensmittelgeschäften erhältlich (siehe auch Seite 28).

Nori-Alge: Die getrocknete und gepreßte Rotalge dient geröstet als Würzmittel und »Verpackung« für Sushirollen. Die Algen sind in asiatischen Lebensmittelgeschäften und in Naturkostläden erhältlich.

Okra: Das ursprünglich aus Äthiopien stammende Gemüse ist heute vom östlichen Mittelmeer bis Asien verbreitet. Die sechskantige Schote hat einen milden bis herben Bohnengeschmack. Okras sind in asiatischen und türkischen Lebensmittelgeschäften erhältlich.

Pak-Choi: Gemüse, das auch chinesischer Senfkohl genannt wird. Es sieht aus wie Mangold und ist auch geschmacklich nicht allzu weit davon entfernt. Pak-Choi ist in Naturkostläden und asiatischen Lebensmittelgeschäften erhältlich.

Palmzucker: Süßmittel, das aus dem getrockneten Saft der Palmyra-Palme hergestellt wird und wie Vollrohrzucker hellbraun, jedoch nicht so süß ist, dafür aber ein leichtes Karamelaroma hat. Er wird in Stücken angeboten und läßt sich reiben. Palmzucker ist in asiatischen Lebensmittelgeschäften erhältlich.

Pandanblätter: Die etwa einen halben Meter langen spitz zulaufenden Blätter einer Zuckerpalmenart werden in der südostasiatischen Küche als aromatische Ingredienz für Desserts, Gebäck und Getränke verwendet. Das Blatt wird zusammengeknotet und vor dem Servieren aus der Speise herausgenommen. Die Blätter sind in asiatischen Lebensmittelgeschäften frisch erhältlich.

Pinienkerne: Die beigefarbenen länglichen Kerne werden aus den großen Zapfen der Schirmpinie gewonnen. Sie enthalten viel Eisen und Vitamin B_1 und haben ein mild-würziges Aroma. Sie sind in italienischen Lebensmittelgeschäften und Naturkostläden erhältlich.

Reispapierblätter: siehe Seite 30

Reismehl: siehe Seite 29

Reismilch: siehe Seite 30

Rote Splitterlinsen: Linsensorte, die geschält gehandelt wird und brei-ig kocht. Verglichen mit anderen Linsen schmeckt sie weniger aromatisch, was durch geschicktes Würzen wieder ausgeglichen werden kann. Splitterlinsen sind in Naturkostläden und türkischen Lebensmittelgeschäften erhältlich.

Rucola: auch Rauke genanntes Kraut mit löwenzahnähnlich gezackten Blättern, die ein leicht nussiges bis scharfes Aroma haben. Rucola ist auf Märkten, in italienischen Lebensmittelgeschäften und in Naturkostläden erhältlich.

Sambal Oelek: scharfe indonesische Gewürzpaste aus rotem Chili, Essig und Salz, die in asiatischen Lebensmittelgeschäften erhältlich ist.

Sanshou: japanischer Pfeffer, der in japanischen Lebensmittelläden erhältlich ist.

Schwarze Senfsamen: Die in Asien verbreiteten schwarzen Senfkörner sind im Unterschied zu dem bei uns üblicherweise verwendeten weißen Senf etwas schärfer und leicht bitter. Erhältlich sind die Senfsamen in asiatischen Lebensmittelgeschäften.

Seitan: ausgewaschenes Weizenklebereiweiß, das mit Sojasauce, Algen und Ingwer zu einem in Konsistenz und Geschmack fleischähnlichen Produkt verarbeitet wird. Seitan ist in Naturkostläden erhältlich.

Shiitake-Pilz: japanischer Baumpilz, der auch bei uns kultiviert wird. Die Pilze sind in Naturkostläden und asiatischen Lebensmittelgeschäften erhältlich.

Shiro-Miso: lediglich wenige Wochen gereiftes salzarmes Miso (siehe Seite 28) von gelblicher Farbe. Erhältlich ist Shiro-Miso in Naturkostläden und in asiatischen Lebensmittelgeschäften.

Sojasauce: aus Bohnen und Salz fermentierte Würzsauce, die als weitere Zutat gerösteten Weizen enthalten kann und unter dem Begriff *Shoyu* angeboten wird. Unterschieden wird weiter zwischen heller (gesüßter) und dunkler Sojasauce. Shoyu ist in Naturkostläden, helle und dunkle Sojasauce in asiatischen Lebensmittelgeschäften erhältlich.

Thai-Auberginen: gelbe, weiße oder grüne kleinfrüchtige Auberginen, die nicht größer als ein Ei sind. Sie sind fester und aromatischer als die bei uns bekannten violetten Auberginen. Thai-Auberginen sind in asiatischen Lebensmittelgeschäften erhältlich.

Tofu: eine Art Sojaquark aus geronnener und zu Blöcken gepreßter Sojamilch. Er kann sowohl süß als auch pikant angerichtet werden. Eine herzhafte Spezialität ist in Sojasauce eingelegter und kalt geräucherter Tofu. Tofu ist in asiatischen Lebensmittelgeschäften und in Naturkostläden erhältlich.

Umeboshi: japanische Aprikosen, die unreif geerntet mehrere Monate in Salzlake eingelegt werden. In streichfähiger Form werden sie als Ume-Paste angeboten. Sie sind in asiatischen Lebensmittelgeschäften und Naturkostläden erhältlich.

Ume-Paste: siehe Umeboshi

Vermicelli: siehe Reisnudeln Seite 30

Vollreismehl: siehe Reismehl Seite 29

Wasabi: grüner japanischer Meerrettich, der in japanischen Lebensmittelgeschäften getrocknet als Pulver angeboten wird – Vorsicht, er ist recht scharf!

Weinblätter: in Lake eingelegte Blätter der Weinrebe, die im östlichen Mittelmeerraum zu gefüllten Röllchen verarbeitet werden. Weinblätter sind in griechischen und türkischen Lebensmittelgeschäften erhältlich.

Zitronengras: Das Schilfgewächs ist ein Standardgewürz der thailändischen Küche. Von den etwa 20 cm langen Stengeln werden die äußeren Blätter entfernt, verwendet wird nur das weiße Mark des unteren Teiles. Zitronengras ist in asiatischen Lebensmittelgeschäften und in Feinkostläden erhältlich.

Der Autor

Rolf Goetz, geboren 1950 im Schwarz-
wald, arbeitet als freiberuflicher Jour-
nalist – im Sommer in Berlin, im Win-
ter auf den Kanarischen Inseln. Aus
seiner langjährigen geschäftsführenden
Tätigkeit in einem Berliner Naturkost-
laden entstanden Kochbücher und Rat-
geber zum Thema gesunde Ernährung.
Unter anderem erschienen von ihm im
pala-verlag »Naturkost – ein praktischer
Warenführer« in zwei Bänden, »Einfach
anders essen« und »Vegetarisch kochen
– rund ums Mittelmeer«. Neben gutem
Essen widmet sich Rolf Goetz häufig seiner zweiten Lieblings-
beschäftigung: dem Reisen und Wandern. Ergebnis sind diverse
Reiseführer zu den Kanarischen Inseln und dem Mittelmeerraum.

Index

Rezepte nach Sachgruppen

Bratlinge, Puffer, Kroketten

Süße Gerichte und Desserts

Andere Bücher von Rolf Goetz

Von seinen Reisen nach Spanien, Frankreich, Italien, Griechenland, in die Türkei und in den Nahen Osten hat Rolf Goetz eine große Auswahl vegetarischer und vollwertiger Rezepte mitgebracht, die die Vielfalt der gesunden mediterranen Küche zeigen.

Rolf Goetz:
Vegetarisch kochen – rund ums Mittelmeer
ISBN: 3-89566-128-7

Dieses Buch widerlegt das Vorurteil der angeblich teuren und zeitaufwendigen Naturkost.
Alle Gerichte sind preiswert und lecker und lassen sich schnell zubereiten.

Rolf Goetz / Peter Queissert:
Einfach anders essen
ISBN: 3-923176-94-5

Vollwertig – vegetarisch – gesund

Jutta Grimm: **Vegetarisch grillen**
ISBN: 3-89566-140-6

Irmela Erckenbrecht: **Zucchini**
ISBN: 3-89566-131-7

Irmela Erckenbrecht: **Querbeet**
ISBN: 3-89566-114-7

Suzanne Barkawitz: **Vegan genießen**
ISBN: 3-89566-137-6

Brotaufstriche selbstgemacht

Süßes und Pikantes
aus der Vollwertküche

Jutta Grimm: **Brotaufstriche**
ISBN: 3-89566-136-8

Kochen mit Hirse

Vegetarische Gerichte

W. Hertling: **Kochen mit Hirse**
ISBN: 3-89566-130-9

Dinkel und Grünkern

Vollwertige
Koch- und Backrezepte

Ute Rabe: **Dinkel und Grünkern**
ISBN: 3-89566-129-5

Gerhild Mann

Neurodermitis –
was koche ich für mein Kind?

Ein Alltagsratgeber für Eltern

Gerhild Mann: **Neurodermitis
– was koche ich für mein Kind?**
ISBN: 3-89566-138-4

Gesamtverzeichnis bei:
pala-verlag, Postfach 11 11 22, 64226 Darmstadt